POÉSIES

INÉDITES

DE GRESSET

C.

POÉSIES

INÉDITES

DE GRESSET

PRÉCÉDÉES DE

RECHERCHES SUR SES MANUSCRITS

PAR

VICTOR DE BEAUVILLÉ

PARIS

DE L'IMPRIMERIE DE J. CLAYE

RUE SAINT-BENOIT

M DCCC LXIII

1863

RECHERCHES

CONCERNANT

LES MANUSCRITS

DE GRESSET

Le nom de Gresset rappelle à la mémoire un
des écrivains les plus distingués du siècle dernier, un génie charmant dont les productions
seront l'éternel honneur des lettres françaises. Je
ne viens pas recommencer son éloge : une pareille
tâche exigerait une plume mieux inspirée que
la mienne. Il n'entre pas davantage dans mes
idées de me livrer à un examen critique du talent
souple et fécond qui a enrichi notre langue de
deux chefs - d'œuvre inimitables ; de grands
mots, de grandes phrases seraient ici déplacés,
Vert-Vert s'effaroucherait et fuirait à tire-d'aile.

Et d'ailleurs, que reste-t-il à dire sur le poëte illustre qu'ont vu naître les rives de la Somme ? La biographie a épuisé à son égard les formules de la louange, et si les nombreuses éditions d'un livre peuvent être considérées comme une preuve de son mérite, les poésies de Gresset doivent être classées au premier rang : réimprimées constamment avec succès, elles se trouvent dans toutes les bibliothèques, et feront à jamais les délices des esprits les plus délicats.

Compatriote de l'homme célèbre dont j'évoque le souvenir, il m'a semblé que cette communauté d'origine m'imposait l'obligation de rechercher avec empressement les écrits qu'une réserve excessive avait voulu soustraire à la publicité. La moisson ne pouvait être abondante : le poëte, on le sait, cédant à des scrupules religieux, prit soin de ravir à la postérité une partie de ses ouvrages, détermination regrettable qui a rendu les manuscrits de Gresset extrêmement rares et me permet d'attacher plus de prix à ceux que j'ai pu réunir.

Parmi ces manuscrits, quelques-uns étaient préparés pour l'impression ; d'autres, au contraire, ne présentent que des fragments sans suite, que des ébauches dont les contours sont à peine indiqués. Parfois le poëte se contente de jeter sur le papier une sentence qui l'a frappé dans ses

lectures ou une pensée soudainement éclose dans
son imagination : c'est l'inspiration dans tout son
désordre. Mais ces fragments, quelque incohérents
qu'ils soient, ont encore leur valeur et ne doivent
pas être écartés dédaigneusement : le lapidaire
ne conserve-t-il pas avec soin la poussière qui
se détache des aspérités du diamant?

Possesseur de quelques-uns de ces précieux
écrits, je désire, en les livrant au grand jour, procurer un délassement agréable au petit nombre de
personnes demeurées fidèles au culte de la littérature. Moins d'un siècle s'est écoulé depuis la mort
de Gresset, et déjà il est regardé comme un de ces
maîtres de l'art qui ont vécu dans un âge éloigné.

La recherche des manuscrits de l'auteur du
Méchant et la publication de quelques-unes de ses
poésies inédites étant le but que je me propose,
je m'abstiendrai scrupuleusement de digressions
étrangères à mon sujet; je laisse à d'autres la
mission de déplorer la décadence de la poésie
française, et je prie le lecteur de ne pas exiger de
moi plus que ne comporte le rôle que j'ai à remplir.

Les pièces imprimées dans ce volume proviennent de trois sources différentes : les unes se trouvaient chez Gresset, où, plusieurs années après
sa mort, elles furent découvertes par de Longuerue, son neveu; les autres étaient entre les

mains des jésuites ; enfin, Renouard, libraire à
Paris, fut longtemps détenteur de manuscrits de
Gresset, et c'est de sa bibliothèque qu'ils ont passé
dans la mienne. Je procéderai par ordre d'ancien-
neté, et les papiers dont la découverte est due à
de Longuerue feront le premier objet de mon
examen.

MANUSCRITS

DE GRESSET

DÉCOUVERTS

PAR DE LONGUERUE

———

Ces manuscrits forment un volumineux recueil de feuilles volantes, de têtes de lettres et de cartes à jouer sur lesquelles Gresset écrivait au courant de la plume les pensées qui s'offraient à son esprit; il y a des vers, des réflexions morales, des citations latines, des projets de comédie, etc. C'est un chaos dans lequel il est très-difficile de se reconnaître; mais, quelque pénible que soit l'étude de cette mosaïque littéraire, on éprouve cependant un singulier plaisir à s'y livrer; la curiosité, piquée par les obstacles qu'elle rencontre, n'en devient que plus impatiente. Encouragé par la demi-clarté qu'il croit entrevoir, le lecteur veut pénétrer plus avant dans le domaine de l'auteur et lui arracher son secret; il s'identifie avec le poëte, devine son œuvre et l'achève avec lui.

L'existence et le contenu des manuscrits provenant de de Longuerue ayant occasionné une polémique assez vive, il devient indispensable d'entrer dans des détails circonstanciés pour tâcher de résoudre un problème littéraire longtemps débattu. Dans ce but, je crois qu'au lieu de raconter les faits, il est préférable de mettre sous les yeux du lecteur des documents originaux et inconnus jusqu'à présent : c'est le seul moyen de ne pas égarer l'opinion, et le public aura la faculté de se prononcer en pleine connaissance de cause.

Léonard de Longuerue, dont j'aurai souvent l'occasion d'invoquer le témoignage, était fils de François Galand de Longuerue et de Françoise Dumet; il avait embrassé la carrière des armes et, en 1777, il servait en Amérique. Le 3 mai de cette année, Gresset, peu de mois avant sa mort, écrivait au ministre de la marine en faveur de son neveu[1], et il en parle dans les termes les plus flatteurs.

« ... Je ne me défendrai, Monseigneur, d'un peu de vanité d'oncle, en vous assurant qu'il a toutes les dispositions et tous les genres de talents propres à faire un sujet distingué, et je serois bien

[1] Le 22 février 1751, Gresset épousa Françoise Galand, fille de François Galand, ancien maire d'Amiens.

trompé si ses supérieurs qui sont sous vos ordres
vous en rendoient un compte différent du mien.....
Amiens, 3 mai 1777. »

De Longuerue était rentré en France en 1780,
et figure à cette époque en qualité d'officier de
gendarmerie. Quelques années après, le hasard
fit tomber entre ses mains une liasse de papiers
ayant appartenu à Gresset ; appréciant comme
elle le méritait la valeur de sa découverte, mais
n'ayant pas le loisir d'en tirer tout le parti possible, de Longuerue mit dans la confidence du
trésor qu'il possédait un de ses amis, Jean-Charles
Duméril, d'Amiens.

M. de Cayrol, dans son *Essai historique sur la vie
et les ouvrages de Gresset*[1], a tâché de deviner ce que
pouvaient contenir les papiers de Gresset, et plusieurs fois il parle de Duméril qu'il accuse de les
avoir soustraits. Voici ce qu'on lit à la page 26 de
l'avant-propos :

« L'incurie des libraires fut, à cet égard, se-
condée par le malheureux hasard qui remit dans
des mains infidèles une grande quantité de papiers dont on ignorait l'existence, et qui ont été
trouvés, en 1794, sous un escalier de la maison
que Gresset habitait au moment de sa mort[2].
MM. de Longuerue, neveux de Mme Gresset, qui

---

[1] Amiens, Caron-Vitet, 1844. 2 vol. in-8°.
[2] Cette maison, située rue Gresset, porte le n° 63.

étaient devenus propriétaires de cette maison et possesseurs des manuscrits en question, *obligés de quitter Amiens,* m'écrivait M. Gresset l'aîné, *confièrent à M. Duméril tous les papiers qui auraient dû être rendus à la famille; le cadet mourut peu après à Orléans, où il était commandant de la gendarmerie. L'aîné, que nous avons beaucoup connu à Paris, où il est mort en 1807 ou 1808, les a réclamés inutilement : jamais il n'a rien pu obtenir de celui auquel il avait remis ces papiers, qui étaient en grand nombre; car, si M. de Longuerue ne nous a pas trompés, il y avait de quoi remplir deux grandes malles; il s'y trouvait surtout une grande quantité de lettres..... Ne pourrait-on pas savoir ce que sont devenus à la mort de M. Duméril ces papiers auxquels s'appliquent si bien ces mots :* habent sua fata?

« D'après cette indication. des démarches furent faites, mais inutilement, auprès de la famille de M. Duméril; elle assura que les papiers communiqués à leur parent n'étaient probablement plus en sa possession au moment de son décès, et qu'elle ignorait ce qu'ils pouvaient être devenus. »

M. Gresset l'aîné était très-jeune lorsque se sont passés les faits dont il parle; il a été, en ce qui les concerne, renseigné fort inexactement. ou peut-être ses souvenirs l'ont-ils mal servi. Au reste, la correspondance de de Longuerue et de Duméril va lever toutes les incertitudes. Dans une lettre datée d'Orléans, le 27 vendémiaire an VII (18 octobre 1798), de Longuerue déclare positivement que c'est lui qui a découvert les manuscrits de Gresset, et que cet événement eut lieu dix ans après la mort de ce dernier, par conséquent en 1787 [1]. En présence d'une déclaration aussi formelle on voit combien M. de Cayrol se trompe quand il avance que ces manuscrits ont été trouvés en 1794. Rien de vrai dans le fait de ce dépôt de papiers que *MM. de Longuerue, obligés de quitter Amiens, confièrent à M. Duméril;* plusieurs années avant de quitter Amiens, Léonard de Longuerue, seul, et sans la participation de son frère, avait déjà confié à Duméril les papiers en question; l'escalier et les deux grandes malles sont des détails de mise en scène. Les lettres dont je vais donner le contenu, ou simplement des extraits, démontreront à quel point le neveu de Gresset et celui qui s'est rendu trop facilement son écho étaient dans l'erreur. J'intervertis pour un instant l'ordre chronologique que je suivrai dans mes recherches, et je donne de suite la lettre de de Longuerue du 18 octobre 1798; cette lettre fournit des renseignements explicites sur la découverte des manuscrits.

[1] Gresset est décédé à Amiens, le 16 juin 1777.

« Orléans, 27 vendémiaire an vii (18 octobre 1798).

« *Le capitaine commandant la gendarmerie nationale du
département du Loiret,*

« *Au citoyen Duméril l'aîné, à Paris.*

« Mon cher ami, je vous préviens que le régime
des bureaux de poste est entièrement renouvelé;
que l'ordre et l'exactitude y sont rétablis et que
j'ai reçu vos lettres des 14 et 20 de ce mois.....
Parlons aujourd'hui des manuscrits de Gresset et
des prétentions de ses neveux, de même nom, ex-
pliquées bien ou mal par le missionnaire Sélis.
Faites-moi premièrement le plaisir de notifier à ce
négociateur maladroit que les jeunes Gresset n'ont
pas plus de droit réel à la découverte que j'ai faite.
que si elle eût eu lieu aux antipodes ou dans un
siècle, comme il pouvoit fort bien arriver; qu'ils
ont au contraire un droit réel aux pièces qui ont
été confiées au c^{en} Boistel..... Ajoutez-lui que, si
les jeunes Gresset parviennent à retirer du c^{en} Boistel *le Parrain magnifique* et *le Gazetin,* qui leur appartiennent, et qu'ils nous les remettent pour enrichir
notre édition, nous nous obligerons par écrit.
vous et moi, à les faire participer aux bénéfices
de l'édition pour deux cinquièmes, les trois autres
devant être partagés par égale portion entre vous.

mon frère et moi, d'après la décision de notre
conseil privé, vulgairement appelé conscience,
délicatesse et probité.

« Comment le c⁰ⁿ Sélis ne voit-il pas que des
prétentions, énoncées avec hauteur, sont totale-
ment déplacées ici, puisque ces manuscrits ayant
été trouvés dix ans après la mort de Gresset, dans
une cachette absolument inconnue, où personne
que les habitants de la maison n'avoit le droit de
pénétrer, et où M. Gresset lui-même les avoit
oubliés, ils sont, par le fait même, la propriété de
celui qui les a découverts et pouvoit les jeter au
feu sans les examiner?

« Je n'ai pu lire le nom de l'individu qui vous
offre de négocier la vente de nos manuscrits dans
l'Étranger; vous l'avez un peu griffonné; mais en
tout cas vous n'ignorez pas qu'il est d'une importance majeure de bien connoître la moralité de
celui qui se chargeroit de cette négociation. La
probité a toujours été et est devenue plus que
jamais une vertu fort rare.

« Les jeunes Gresset sont-ils à Paris? Dans ce
cas c'est à eux-mêmes que vous devez proposer
les conditions que je mets à la part à leur faire du
prix de nos manuscrits : le *Gazetin* et le *Parrain
magnifique*. S'ils n'y sont pas et que leur tuteur
M. de Nampty existe encore, mandez-moi son
adresse, et je lui écris, pour peu que vous ayez de

répugnance à communiquer avec le c^en Sélis qui, entre nous, a bien l'air de se mêler de tout ceci sans mission et sans trop de convenance, sa femme même n'étant que l'arrière-petite-cousine, par alliance, de défunt Gresset.

« Quand cet objet sera convenu et que nous aurons les deux pièces confiées à Boistel, nous ferons alors en sorte de tirer le meilleur parti de notre petit trésor.....

« GALLAND-LONGUERUE. »

Cette lettre détruit d'une manière positive les assertions de MM. Gresset et de Cayrol concernant l'importance matérielle des manuscrits et l'époque à laquelle eut lieu leur découverte. C'est volontairement que de Longuerue, l'inventeur d'un petit trésor et non de deux grandes malles, en fit la remise à Duméril, son ami, qu'il s'associait pour en faire la publication. Quelques mots sur ce dernier sont indispensables, car j'aurai souvent à en parler.

Jean-Charles Duméril, frère du savant naturaliste auquel la ville d'Amiens s'honore d'avoir donné le jour, rédigeait en 1790 le *Courrier du département de la Somme,* journal politique ; il s'occupait aussi de poésies et bourrait son portefeuille de pièces qui auraient trouvé difficilement un ac-

quéreur. Duméril s'était fait recevoir avocat, mais
je ne crois pas qu'il ait suivi activement la carrière
du barreau ; peu favorisé des dons de la fortune,
il accepta en 1792 le modeste emploi de greffier de
justice de paix. Pendant la Terreur, Duméril fut
emprisonné avec l'adjudant général Chérin ; après
son élargissement il obtint la place de secrétaire
général du district, puis ayant résolu de se consacrer à l'instruction publique, il se fit admettre, en
1795, à l'École normale à Paris, et presque aussitôt
changeant d'idée, il entra dans les bureaux du mi-
nistère de la guerre. Le 22 janvier 1799, François
de Neufchâteau le nomma inspecteur de la percep-
tion de la taxe des routes dans le département de
l'Oise, à la résidence de Noyon. Mais Duméril, dont
l'inconstance était grande, ne tarda pas à revenir
de nouveau à Paris, où la publication des poésies
inédites de Gresset, qu'il projetait depuis plusieurs
années, lui avait créé de nombreuses relations
parmi les gens de lettres. Nous allons le voir à
l'œuvre et le suivre, pas à pas, dans ses tentatives
littéraires.

Duméril, hésitant à assumer sur lui seul la res-
ponsabilité de publier les manuscrits de Gresset,
résolut d'intéresser à son entreprise l'éditeur le
plus célèbre de son temps. Dans ce but, il écrivit
à Beaumarchais, mais ses instances furent vaines ;
les soucis politiques dominaient le mordant écri-

vain, l'ironie n'errait plus sur ses lèvres, et c'est par un refus désespérant qu'il répond aux propositions qui lui sont faites.

« 18 juillet 1792.

« Que parlez-vous, Monsieur, de littérature dans un temps déplorable où le royaume tombe en ruines? Je n'ai jamais imprimé que les œuvres de Voltaire; une partie a été volée, l'autre est en magasin, et a couru vingt fois le risque d'être brûlée. Les Autrichiens sont dans Kehl, et je n'ai plus d'imprimerie. O mon pays! ô mon pays! Heureusement j'ai soixante ans passés, et ne verrai plus bien longtemps le déshonneur qui te menace!

« Recevez les excuses, les regrets et les salutations d'un homme qui gémit de ne pouvoir aider à aucune entreprise.

« BEAUMARCHAIS. »

Quelle amertume dans ces paroles! Quel découragement! Beaumarchais, si hardi sur la scène, n'avait-il donc pas entrevu où conduisaient ses déclamations violentes? Après avoir déversé à pleines mains le sarcasme sur la société, était-il bien venu à déplorer les ruines qu'il avait préparées?

Les événements politiques en se succédant avec

une gravité effrayante détournaient les esprits de
la littérature; de Longuerue, jugeant que les circonstances étaient peu favorables pour l'impression des œuvres de Gresset, écrivait à Duméril :

« Roye, 9 juillet 1792.

« ..... Je ne pense pas, mon cher ami, que ce
soit le moment de publier notre édition de Gresset; de grands et de puissants intérêts remplissent
aujourd'hui toutes les têtes et font fermenter les
passions diverses; on ne cherche point à se distraire par des frivolités des profondes méditations
que tout homme réfléchissant fait en ce moment
sur la patrie et sa destinée; si je juge des autres
par moi, je vous assure que je serois incapable de
donner la moindre attention à toute autre production qu'à celles qui ont trait aux circonstances, et
dans lesquelles j'espère trouver des lumières nouvelles et les conseils de la sagesse.

« Différons donc de la mettre en lumière; seulement vous ferez toujours bien d'en parler à dif-
férens libraires ou plutôt imprimeurs, à qui même
vous pourrez lire quelques pièces nouvelles; mais
gardez-vous bien de rien confier à qui que ce soit,
et souvenez-vous que vous pouvez répondre aux
curieux que c'est un dépôt dont vous n'avez pas le
droit de disposer. Voilà mon avis pour le moment.

et mes motifs vous paroîtront encore meilleurs à
Paris qu'à Amiens..... »

Duméril s'étant rendu à Paris pour assister à
la fête de la Fédération, profita de son voyage pour
voir Sélis, membre de l'Académie d'Amiens et
cousin de Gresset ; cette entrevue donna de l'om-
brage à de Longuerue ; les motifs en sont nettement
expliqués dans la lettre fort sèche qu'il écrit à son
collaborateur :

« Péronne, 22 août 1792.

« Quelle contrée habitez-vous, mon cher monsieur? Vous m'aviez promis de vos nouvelles, et la
renommée même ne m'en apporte point. Vous devez avoir cependant bien des choses intéressantes
à me mander, sans parler de notre édition de Gresset, à laquelle sans doute vous jugez comme moi
qu'il est peu convenable de penser dans ce moment. J'ai sçu que vous en aviez dejà conféré avec
M. Sélis; et si, me donnant, comme vous me l'aviez
fait espérer, votre adresse à Paris, vous m'aviez mis
à même de vous écrire à ce sujet, je vous aurois
détourné de lui confier aucune pièce de nos manuscrits, attendu qu'il est l'instituteur des jeunes
Gresset et qu'il pourroit penser qu'un larcin de ce
genre n'est autre chose qu'une récupération de
propriété pour ses élèves. J'ignore si vous avez été

content de lui. Au surplus vous n'êtes pas exempt
de reproches pour me laisser si longtemps dans
l'ignorance sur le compte d'un objet précieux qui
a dû vous occuper pendant votre séjour à Paris.
Pouvez-vous ne pas m'apprendre le résultat de vos
démarches à ce sujet? A qui avez-vous à en parler,
si ce n'est à moi qui vous ai admis au partage de
cette propriété littéraire ainsi que des bénéfices
qu'elle doit produire, en choisissant bien le temps
de la publier? Cependant vous avez écrit à mon
père, et à moi pas un mot. Réparez bien vite ce
tort, et mandez-moi, je vous prie, en détail tout ce
que vous avez fait et ce qui vous a été dit..... »

Duméril s'était adressé au ministre Roland, qui
accueillit sa proposition avec intérêt, et le mit en
rapport avec Reigner, l'un des directeurs du Cercle
social.

« Paris, le 6 novembre 1792 (l'an 1er de la
République françoise).

« *Le Ministre de l'Intérieur à M. Duméril.*

« Je ne saurois trop applaudir au généreux dé-
vouement qui vous fait dérober aux lettres, que
vous cultivez avec succès, des instans précieux
pour les consacrer à l'instruction de vos conci-
toyens. Je ne doute point des succès qu'auront les

3

leçons de patriotisme qu'ils vont recevoir de vous, et, flatté de vous compter au rang des dignes collaborateurs qui veulent bien m'aider à répandre les lumières, je veillerai à ce qu'on vous fasse parvenir désormais avec exactitude tous les écrits que je croirai propres à vous faciliter les moyens d'atteindre ce but important. Jamais les manuscrits de Gresset qui sont entre vos mains ne pouvoient paroître sous des auspices plus favorables. Je vous exhorte à ne pas garder plus longtemps pour vous seul ce dépôt précieux. S'ils contiennent beaucoup de passages semblables à celui que vous avez eu la complaisance de me transcrire, leur publication sera aussi utile qu'agréable. Je ferai passer un extrait de votre lettre à M. Reigner, l'un des directeurs du Cercle social, rue du Théâtre-François, nº 4. Je vous invite à correspondre avec lui pour cet objet, je ne connois personne qui soit plus en état que lui de répondre à vos vues.

« ROLAND. »

Duméril se conforma aux intentions du ministre et entra en relation avec Reigner; le brouillon d'une de ses lettres, en date du 12 novembre, s'est trouvé parmi ses papiers. Le voici :

« Les manuscrits de Gresset que j'ai recueillis sont composés d'un assez grand nombre de pièces posthumes et pourront doubler le recueil de ses œuvres publiées. Mon intention est de composer du tout une édition digne de ce poëte. Je crois que l'exécution de ce projet seroit plus onéreuse qu'utile en ce moment. Mais quelque intérêt que j'enlève à l'édition qui se prépare, et au risque même de perdre le fruit de mes recherches, je publierai dès à présent, si c'est votre avis, quelques ouvrages qui feront connoître que, sous le règne du despotisme, Gresset a osé écrire tout ce que nous nous faisons un devoir de dire aujourd'hui.

« Vous me parlez de conditions, voici les miennes : combinaison de votre avantage et du mien, mais les subordonnant toutefois à l'intérêt public. Le ministre de l'intérieur m'a adressé à un homme libre, je lui en sais bon gré, parce que les hommes libres sont amis et frères et que leurs intérêts sont communs. J'attendrai donc vos conseils.

« Néanmoins, cette propriété étant indivise entre moi et un parent de Gresset qui est à l'armée, je lui écris, persuadé qu'il partagera mon sacrifice, parce que nous avons toujours partagé les mêmes sentiments.

« J.-C. Duméril. »

Duméril exagérait singulièrement en disant
que les pièces qu'il possédait pouvaient doubler le
recueil des œuvres de Gresset; il n'avait, la correspondance de de Longuerue en fait foi, ni *les
Pensionnaires,* ni *l'Ouvroir,* ni *le Gazetin,* ni *le
Parrain magnifique,* l'ouvrage le plus considérable
du poëte. Parmi les pièces qui devaient *faire connaître que, sous le règne du despotisme, Gresset se faisait un devoir d'écrire tout ce que l'on disait sous la
République,* se trouvait *l'Abbaye,* satire acerbe
contre les moines.

Des démarches d'une autre nature occupaient
aussi Duméril. Le corps de Gresset reposait à
Amiens, dans le cimetière Saint-Denis. A une époque où aucune tombe n'était sacrée, on pouvait
craindre que le génie du poëte fût impuissant à
préserver ses restes d'une indigne profanation;
dès le 27 pluviôse an III (15 février 1795), le Directoire de la Commission temporaire des arts.
établi à Paris, écrivait à l'administration du district
d'Amiens :

« Si Gresset. par son *Vert-Vert* et sa *Chartreuse,*
a égayé notre esprit, il nous a instruits par sa comédie du *Méchant,* et a contribué à accélérer notre
heureuse révolution par beaucoup d'autres ouvrages inédits dont la publication prochaine le fera
mettre au nombre des amis de la liberté. Poëte et

philosophe, il a illustré son pays; et l'homme de
lettres dans tous les temps, charmé par ses écrits,
en visitant les lieux où il a existé, éprouvera les
impressions énergiques et profondes dont l'homme
sensible connoît les jouissances.

« Votre ville a eu le bonheur de le voir naître,
et vous entretenir de l'honneur à rendre à ses
mânes, c'est vous rappeler un souvenir qui vous
est cher. La Commission temporaire des arts, sans
rien préjuger sur les honneurs que dans des temps
plus heureux la nation, sans doute, rendra aux
cendres de Gresset, vous invite à veiller à la conservation de son tombeau; elle vous fait cette in-
vitation, plutôt pour vous persuader qu'elle s'est
occupée de ce poëte aimable, que parce qu'elle
doute du zèle que vous avez apporté jusqu'ici à
empêcher qu'il lui soit donné la moindre atteinte.

« Salut fraternel. »

N'en déplaise aux membres de la Commission
temporaire des arts, comment les ouvrages de
Gresset, auxquels ils font allusion, auraient-ils pu
contribuer à *accélérer la Révolution,* puisqu'eux-
mêmes reconnaissent que ces ouvrages *étaient
inédits?* Les ouvrages qui restent en portefeuille
n'allument pas d'incendie. Toutes les recherches
que j'ai faites pour connaître la réponse du District

d'Amiens ont été infructueuses. Duméril reprit en
son nom l'idée contenue dans la lettre précédente.
et, dans un style des plus emphatiques, il invita la
Commune d'Amiens à faire élever un monument à
Gresset dans la promenade de la Hautoye qui avait
eu le bonheur d'inspirer sa muse. Cette idée était
excellente; mais, comme son auteur en la pro-
duisant n'indiquait aucun moyen de la réaliser,
elle eut le sort réservé à tant d'autres et mourut
en naissant.

Le savant antiquaire Millin, dont Duméril suivait les cours, fut informé de ses projets littéraires.
et, dans le *Magasin encyclopédique*[1], il annonça la
nouvelle édition de Gresset. Après avoir donné
l'analyse du *Parrain magnifique* et du *Gazetin*, Millin
s'exprime ainsi :

« Un compatriote de Gresset possède un grand
nombre de pièces inédites de ce poëte aimable, des
épîtres où respire une profonde mélancolie, telle
que celle d'un Chartreux, qui brûle d'une passion
dont la solitude nourrit les feux et qui s'irrite par
le désespoir; d'autres où cette muse badine s'a-
muse des travers et des ridicules de son siècle;
d'autres où l'on aperçoit une teinte plus forte et
une philosophie plus hardie, *l'Abbaye*, par exemple, où l'auteur attaque avec un pinceau très-vi-
goureux des abus et des erreurs condamnables.

[1] Tome 1er, page 108. Année 1795.

beaucoup de poésies fugitives, quelques morceaux de pièces, etc... »

L'auteur de l'article donne ensuite des renseignements sur la sépulture de Gresset, et il rapporte l'épitaphe qui s'y lisait :

☩

D   O   M

ICI REPOSE LE CORPS DE
MESSIRE JEAN BAPTISTE LOUIS GRESSET
CH^r DE L'ORDRE DU ROI HISTORIOGRAPHE
DE L'ORDRE ROYAL ET MILITAIRE DE SAINT
LAZARE L'UN DES QUARANTE DE L'ACADÉMIE
FRANÇOISE HONORAIRE DE CELLES DE
BERLIN ET D'AMIENS DÉCÉDÉ LE 16 JUIN 1777
AGÉ DE 69 ANS

PRIEZ DIEU POUR LE REPOS DE SON AME [1]

---

[1] Je reproduis exactement le texte et la disposition de l'inscription que Millin a transcrite d'une manière incomplète et fautive; entre les deux dernières lignes sont gravées les armes de Gresset : de gueules au chevron de sable. La pierre tumulaire de Gresset est maintenant enchâssée, ou plutôt perdue, dans le dallage du transept septentrional de la cathédrale; l'Académie d'Amiens devrait la faire relever avec soin. L'épitaphe de son fondateur n'est pas destinée à être foulée aux pieds; dans l'origine elle était exposée honorablement aux regards du public : pourquoi n'en serait-il pas de même aujourd'hui? Il est à désirer que cette mesure de convenance soit réalisée promptement, car déjà l'inscription a éprouvé des dégradations fâcheuses.

« Cette épitaphe est scellée dans le mur à la hauteur d'environ sept pieds ; elle est en ardoise, entourée d'un cadre de bois, peint en marbre blanc veiné. Cette ardoise porte dix-huit pouces sur seize ; la largeur du cadre est de trois pouces. Ce cadre est couronné d'un vase sur lequel est jeté un petit linceul.

« Au bas de cette épitaphe se trouve le caveau très-étroit où le corps de Gresset a été placé, dans un cercueil ordinaire. Il fut inhumé avec beaucoup de pompe ; le corps de ville assista à ses obsèques avec les torches et toute sa suite, comme à l'enterrement d'un maire en charge.

« En 1789, les corps de son frère et de sa sœur ont été déposés dans le même caveau. »

Après avoir parlé du buste de Gresset par Berruyer, Millin ajoute :

« Le tombeau de Gresset se trouve maintenant dans un endroit destiné à la confection du salpêtre, et qui va devenir une propriété particulière. Une simple plaque de bois annonce ce monument. Il seroit digne du zèle que la Commune d'Amiens a montré pour honorer la mémoire de l'homme célèbre qu'elle a vu naître, de recueillir ses restes, de les séparer de ceux de sa famille et de leur assigner un asile. Celui qui paroît le plus leur convenir est l'Autois (*sic*), charmante promenade plantée par Lenôtre, voisine de la Somme dont les belles eaux y ajoutent à l'agrément du lieu. Déjà l'objet de l'admiration des étrangers, elle offriroit un nouveau degré à la curiosité; c'étoit là d'ailleurs que le poëte alloit souvent chercher les inspirations poétiques, et la description qu'il en a faite, et qui est encore inédite, prouvera qu'il ne les y cherchoit pas sans succès. Les bosquets, la verdure, les eaux, les fleurs, les oiseaux, c'est là le véritable Élysée du poëte; c'est ainsi que le monument simple et élégant de Gessner s'élève dans les prairies voisines de Zurich. C'est ainsi qu'on désireroit retrouver à Ermenonville les restes du peintre le plus vrai des beautés de la nature, de l'élégant et trop sensible J.-J. Rousseau. »

Millin fait tort à ses connaissances géographiques quand il dit que la Somme ajoute à l'agrément de la Hautoye : c'est la Selle qui l'entoure de ses gracieux circuits. La description de la Hautoye ne s'est pas retrouvée dans les papiers de Duméril; cette perte, regrettable pour tous, l'est plus encore pour un Picard.

Les pensées émises à la fin de l'article de Millin ont une grande ressemblance avec celles qui terminent la lettre adressée par Duméril au Directoire général de la Commune d'Amiens pour l'engager à élever un monument à Gresset; Millin avait reçu probablement les confidences de Duméril. Vers la même époque, ce dernier s'occupa de faire graver le portrait de Gresset : l'idée lui en est-elle venue ou appartenait-elle à de Longuerue ? Il est difficile de se prononcer. Voici ce que celui-ci lui écrivait d'Amiens, le 5 ventôse an III (23 février 1795) :

« ..... Je te dirai que j'ai remis le portrait de Gresset au c^{en} Desroches ; que le dessin avance, suivant ce qu'il m'a dit, quoiqu'il n'ait pu le commencer qu'au moment du dégel.

« Pour avoir ce portrait il m'a fallu faire visite à Mlle Detoulle, qui m'a assuré que la famille de Gresset avoit en sa possession des copies de toutes les pièces qui sont dans nos mains, et qu'elle ne s'étoit décidée à ne pas les publier que sur l'avis de gens habiles qui ne les avoient pas cru dignes de figurer dans les œuvres connues de cet aimable poëte ; elle m'a fort engagé en conséquence à consulter, sur le mérite de ces morceaux, des littérateurs capables d'en juger ; je lui ai répondu que tu te proposois de le faire et de consulter nommément l'auteur de la traduction des *Géorgiques* qu'elle m'a dit connoître déjà. Je t'invite donc à le faire, de crainte qu'on n'attribue à la cupidité (comme il m'a paru qu'on y étoit disposé) nos soins pour ajouter une branche de myrte à la couronne de notre illustre compatriote. Tu es à la source des lumières et des talents, ainsi profites-en

pour garantir nos intentions de toute imputation
injurieuse..... »

J'aurai plus tard l'occasion de revenir sur cette
lettre. Le 12 ventôse an III (2 mars 1795), de
Longuerue écrivait à Duméril : « Le dessin du portrait de Gresset est achevé..... » Et le 2 germinal
suivant (22 mars), il lui mandait d'Amiens :

« ..... J'ai fait encaisser soigneusement le dessin du portrait de Gresset; avant de fermer ma
lettre, je pourrai te marquer le jour que la diligence te le portera; il est d'une ressemblance parfaite et d'une exécution qui m'a paru très-finie :
je t'engage à voir le citoyen Wille fils, bon dessi-
nateur et fils d'un excellent graveur, à qui je t'engage aussi à confier la gravure de ce portrait,
dans le cas où les arrangements que tu prendras
mettroient cette dépense à notre charge, pour
savoir ce que nous pourrons offrir de plus honnête au citoyen Desroches, qui d'ailleurs ne prétend rien. Je réclame, la gravure faite, le dessin
que je t'envoie pour en faire une décoration de
mon cabinet. On me prévient de t'avertir de pres-
ser le graveur : ces artistes, dit-on, promettent
beaucoup, tiennent peu.

« La négociation que tu désires que j'entre-
prenne auprès de Mlle Detoulle présente de grandes
difficultés, malgré l'offre que je suis bien disposé
à faire d'un tiers de notre bénéfice aux neveux

de Gresset, Mlle Detoulle m'ayant déclaré que tout
ce que nous avions et qui lui étoit connu avoit été
jugé, par des littérateurs éclairés, peu digne de
figurer dans les œuvres de son oncle, et m'ayant
même ajouté que la publication de ces pièces ne
devant qu'atténuer sa gloire, on auroit l'air de ne
les faire imprimer que pour avoir de l'argent,
motif peu noble qu'elle désapprouveroit. J'ai répondu convenablement à cette injure assez directe,
et nous nous sommes quittés peu contens, je
crois, l'un de l'autre. Cependant je me retournerai du côté des petits Gresset, les plus et
même les seuls intéressés dans cette affaire, et
tâcherai d'obtenir *le Parrain magnifique* et *le Gazetin.*

« J'ai mis dans la caisse qui contient le portrait
de Gresset une épître à lui adressée par un anonyme de ses amis, que je n'ai pas eu le temps de
lire en entier, mais qui m'a paru écrite avec facilité et poétiquement. C'est mon père qui me l'a
donnée, ainsi qu'une autre épître de Gresset, que
je crois déjà insérée dans le recueil de ses œuvres :
tu en feras usage si tu le juges à propos.

« Il y a quatre vers écrits à la main, tirés de
l'Ouvroir; ils sont défigurés par le copiste : j'ai
oublié de les rectifier; tu le feras, si tu crois devoir
les employer dans les fragments..... »

Duméril, s'étant fixé à Paris en 1795, poursui-

vit plus activement la réalisation de son projet.
La collaboration d'un homme de lettres lui était
nécessaire; il s'en ouvrit à Mercier de Saint-Léger,
qui lui indiqua un ancien professeur au collége
de la Marche, nommé Delormel, auteur d'un
ouvrage anonyme imprimé à Paris, en 1790, et
intitulé : *La grande période ou le retour de l'âge d'or.*
Mais je doute que Duméril se soit mis en rapport
avec Delormel, car il n'en est pas fait mention dans
sa correspondance.

Le travail de Duméril était assez avancé à la fin
de 1795 pour qu'il crût devoir en informer l'Institut. Le 1er nivôse an IV (22 décembre 1795), il fit
part à ce Corps de l'intention où il était de publier
les œuvres inédites de Gresset; sa lettre est insérée
dans l'*Essai historique* de M. de Cayrol, page 29 de
l'avant-propos; en même temps il demandait à
l'Institut de faire imprimer aux frais du gouvernement l'épître de Gresset qui a pour titre *l'Abbaye,* et
de la distribuer gratuitement comme l'on avait fait
pour les poésies républicaines de Le Brun. Cette
épître, l'une des moins heureuses de notre auteur,
avait alors le triste mérite d'être une pièce de cir-
constance. Gresset composa cette diatribe à propos
de l'élection d'un abbé de la province d'Artois à
laquelle il avait assisté avec Chauvelin, intendant
de Picardie.

Duméril tenait de Longuerue au courant de ses

démarches. Le 12 nivôse an IV (2 janvier 1796). il
lui écrivait :

« ..... Le matin j'allume mes tisons et je prends
alternativement et mes livres et mes crayons. A
midi je suis quelques cours, entre autres celui
d'antiquité que fait Millin à la Bibliothèque nationale; à deux heures je me fatigue dans les bureaux,
dont je fatigue aussi quelquefois les employés, je
fais un repas bien frugal et je consacre mes soirées
à l'édition de Gresset à laquelle je travaille sérieusement, ainsi que tu pourras en juger par les articles que j'ai insérés dans le *Journal de Paris* le
29 frimaire et le 4 nivôse. Demain j'ai un rendez-
vous à ce sujet avec des membres de l'Institut
national. Un libraire, qui a commencé à grands
frais une magnifique édition de Gresset. m'est présenté par Sélis ; il sollicite nos manuscrits, mais le
triage n'en est pas fait. Je travaille à une vie élo-
gétique, je recevrai ses offres, mais je ne conclu-
rai sans ton aveu. Tu ne doutes point, je crois, de
ma délicatesse à cet égard. La pièce de théâtre
commencée sera achevée par Flins ou par Dumoustier. C'est Collin Harleville qui choisira le
continuateur. Nous avons demain rendez-vous
ensemble pour cela.

« La femme de Ringard. ci-devant procureur à
Amiens, est actuellement celle de Faipoult. ministre des finances. Voilà la fortune ! Elle sera tou-

jours capricieuse. Au reste, elle en use sans en abuser, et je suis très-content et de son ton, et de ses aveux, et de son retour sur elle-même. J'y retournerai. Ça nous vaudra, je crois, la réparation de notre cathédrale. Qui l'auroit cru !..... »

Quelques explications sont ici nécessaires. Le *Journal de Paris* du 29 frimaire an IV contient, de Duméril, une *Lettre à l'abbé Delille, sur sa nomination à l'Institut national des sciences et des arts, et pour l'engager à quitter sa retraite des Vosges.* Cette lettre n'a aucun rapport avec les manuscrits de Gresset. Duméril avait connu Delille à Amiens, et ils étaient restés liés. Lorsque le traducteur des *Géorgiques* revint à Paris, Duméril continua de le voir, et ils se réunissaient fréquemment dans un café qui faisait le coin de la rue de Tournon et de la rue du Petit-Bourbon-Saint-Sulpice. Dans le numéro du *Journal de Paris* du 4 nivôse, on lit une lettre de Duméril *Aux citoyens composant l'Institut national des sciences et arts,* pour les informer de son intention de publier les œuvres inédites de Gresset; j'ai déjà eu l'occasion de parler de cette lettre; elle est du 1er nivôse an IV. Le libraire qui avait *commencé à grands frais une magnifique édition de Gresset* doit être Volland; en 1793, il fit paraître une édition en deux volumes in-8°, et l'année suivante quelques exemplaires furent tirés dans le format in-4°; c'est probablement à ces exemplaires en grand format que Duméril fait allusion. Carbon de Flins, désigné pour achever la pièce commencée par Gresset, était un ancien conseiller à la cour des monnaies, décédé, en 1806, procureur impérial près le tribunal de Vervins; il a laissé de nombreuses pièces de théâtre complétement oubliées, comme celles de Dumoustier : l'un et l'autre étaient loin d'avoir le talent poétique de l'auteur du *Méchant*. La pièce de Gresset, qu'il s'agissait de terminer, pouvait être *l'Esprit à la mode*, car dans la correspondance échangée entre Duméril et François de Neufchâteau, on voit cet académicien examiner une comédie que Duméril lui a remise et qui porte ce titre.

Le souhait qu'avait formé le dépositaire des manuscrits de Gresset ne tarda pas à se réaliser. L'Institut national, chargé de renouer la chaîne des traditions littéraires momentanément interrompue sous la Terreur, ne pouvait rester indifférent à l'appel honorable qui lui était fait. Dans les premiers jours de 1796, une commission, choisie dans son sein, fut chargée d'examiner les manuscrits de notre compatriote, et Mongez, l'un des secrétaires, en informait Duméril.

« Paris, au Louvre, le 23 nivôse an IV
(13 janvier 1796).

« Citoyen,

« L'Institut a renvoyé à sa troisième classe la lettre que vous lui avez adressée pour lui offrir la communication des manuscrits de Gresset dont vous êtes possesseur, parce que la poésie est une section particulière de cette classe.

« Dans sa séance du 13 nivôse, la troisième classe a pris communication de votre lettre; elle a senti le prix de votre offre généreuse, et elle a nommé commissaires pour lui en rendre compte les citoyens Sélis, Le Brun et Fontanes. Elle vous invite à vous concerter avec eux pour cet objet auquel elle attache un grand intérêt.

« Salut et fraternité.

« MONGEZ, secrétaire de la troisième classe de l'Institut.

« DUSAULX, président de l'Institut national. »

La troisième classe de l'Institut représentait l'Académie française. Collin d'Harleville ayant prêté à un de ses amis les manuscrits de Gresset, cette communication excita la défiance de Dumé-

5

ril, qui craignit qu'on ne dérobât une partie du trésor que le hasard avait fait tomber entre les mains de de Longuerue. Justement offensé d'un pareil soupçon, Collin d'Harleville lui répondit dans des termes qui ne permettaient pas le plus léger doute sur la pureté de ses intentions :

« Rassurez-vous, Monsieur, sur le sort du manuscrit que vous m'aviez confié ; il m'a été rendu, et je l'ai remis au citoyen Le Brun, dépositaire des autres ouvrages inédits de Gresset.

« Je ne prétends pas m'excuser tout à fait de la liberté que j'ai prise de prêter à un ami ce fragment de comédie ; étant sur le point de partir pour la campagne, je n'eus pas le temps d'obtenir votre aveu, mais j'avois remis la pièce en des mains sûres et fidèles, celles d'un ami de M. Fontanes. et je vous réponds qu'il n'y en a point eu de copie de tirée.

« Au nom de Gresset, croyez donc un peu. Monsieur, à la loyauté des vrais gens de lettres ; et sans ce précieux dépôt, sans ce sentiment de notre délicatesse, que ferions-nous de la vie ?

« Je vous salue, Monsieur, de tout mon cœur.

« COLLIN-HARLEVILLE.

« Paris, 12 ventôse an IV (2 mars 1796). »

La communication de Duméril excita l'émula-
tion de l'Institut, qui résolut d'ajouter aux titres
de gloire de Gresset en faisant recueillir ceux de
ses écrits qui pouvaient être passés à l'étranger.
On pensait, non sans raison, que la cour de Berlin
possédait plusieurs de ses poésies : un échange de
lettres s'établit entre le premier corps savant de
France et la famille royale de Prusse; malheureusement les espérances que l'on avait conçues ne se
réalisèrent pas, et aujourd'hui il est à peu près
certain que Frédéric n'avait aucune pièce de Gresset. La correspondance de Mongez va nous éclairer
sur ce point.

« Au Louvre, le 9 messidor an ıv (27 juin 1796).

« *Au citoyen Duméryl, rue des Citoyennes,*
près du Luxembourg, n° 1241.

« L'Institut national avoit écrit, Citoyen, au
prince Henry de Prusse pour obtenir de lui une
copie du cinquième chant du *Vert-Vert* de votre
illustre parent Gresset, que l'on assuroit être entre
ses mains. Il vient de nous répondre qu'il ne
l'avoit pas, et que s'il en avoit été possesseur, il
nous l'auroit envoyé volontiers. Il ne nous reste
donc plus d'espoir sur cet objet.

« Nous vous adresserons sous quatre ou cinq

jours une copie certifiée du Rapport qui a été fait dans la classe de littérature et arts sur les manuscrits de votre célèbre parent.

« Elle est très-sensible à votre bienveillance et votre zèle pour les lettres.

« Salut et fraternité.

« MONGEZ, secrétaire de la classe de littérature et arts. »

Le rapport fait à la classe de littérature était de Fontanes ; il a été imprimé dans le *Magasin encyclopédique*, t. VII, p. 381. Ce rapport fournit quelques renseignements sur les manuscrits de Gresset. Ils renfermaient plusieurs *Épîtres au roi de Prusse. On y rencontre des morceaux agréables*, dit Fontanes, *et c'est une des meilleures parties du recueil que nous avons parcouru. Un voyage à La Flèche offre des détails piquants. Les comédies ont paru indignes de l'auteur.* Le rapporteur fait l'éloge du *Chartreux* dont il donne un long extrait ; il loue également l'épître pour faire avoir à un ami la survivance d'une lieutenance de roi. M. de Cayrol, toujours prévenu contre Duméril, ne manque pas, en parlant de cette communication des manuscrits de notre poëte, de déclarer que Duméril les *avait confisqués à son profit au détriment de la famille de Gresset*[1]. Tout jusqu'à ce moment,

---

[1] *Essai historique sur la vie et les ouvrages de Gresset*, tome 1er, page 258.

dans les lettres que j'ai citées, détruit une pareille
imputation.

Me trouvant à Berlin en 1853, je m'adressai
à l'éditeur des œuvres de Frédéric, M. Preuss,
historiographe du Brandebourg, et je lui deman-
dai si, dans les papiers du roi, il existait des
pièces de Gresset. M. Preuss me répondit qu'il n'en
avait pas connaissance, et que tout ce qu'il avait
trouvé se bornait à une lettre qui serait publiée
avec celles de Sa Majesté. Ainsi de Longuerue
s'abusait lorsque, le 29 novembre 1796, il écrivait
à Duméril : « Je crois que vous aurez réponse
satisfaisante du roi de Prusse. »

Il est certain cependant que Gresset entretenait
une correspondance avec ce prince. Est-elle éga-
rée pour toujours? C'est le secret de l'avenir.
J'ai publié, dans la seconde partie de ce volume,
l'ode que le poëte envoya au roi au commencement de l'année 1750; je ne puis passer sous
silence le plan d'une épître dans laquelle Gresset
supplie Sa Majesté de lui accorder son portrait; les
idées sont jetées à la hâte sur le papier :

« Dans l'antre solitaire d'où je vous écris, j'ai
mes dieux, mes génies autour de moi; ils m'en-
flamment, ils m'inspirent, leurs sacrées images
m'animent. Peu y sont : les créateurs des esprits,
les maîtres des âmes. J'ai, parmi ces images, Ho-
mère, Virgile, Philippe, pour moi plus grand que

son fils; les premiers Césars, Marc-Aurèle, Léon X,
François Ier, le Czar; il manque à mes regards une
image qui m'enflammera davantage..... Ainsi que le
soleil semble créer tout l'univers qui étoit dans le
néant, lui absent, et produire tous les objets qu'il
éclaire de sa lumière, cette radieuse image éclai-
rera mon goût, l'échauffera, y développera des
germes ignorés comme les minéraux, l'or, etc.;
cet astre donnera des couleurs à toute mon âme
et m'aidera à produire un ouvrage digne de mon
sujet et de ma reconnoissance, digne d'accompagner votre immortalité et d'apprendre à la postérité mon ardente reconnoissance. Avec cette image
je me sens tous les talents; je crée, ma carrière
s'étend; à sa vue je m'élève à l'immortalité..... »

Une lettre en prose et en vers adressée à Frédéric et contenant les quatre vers suivants dont je
n'ai que l'ébauche, fait aussi partie des manuscrits
découverts par de Longuerue :

> Dans cet asile solitaire
> J'environne de mon encens
> L'image triomphale et chère
> De l'Auguste de notre temps.
>
> . . . .

Frédéric ne dédaignait pas de répondre au
poëte qui brûlait généreusement de l'encens sur
son autel. Le tome XX de ses œuvres, imprimé à

Berlin en 1853, renferme six lettres qu'il écrivait
à Gresset. Dans la première datée de Remusberg,
le 24 octobre 1740, on lit : « Si votre ode n'est pas
ce qu'on appelle le langage des dieux, jamais
aucun mortel ne le sut ni le parla. J'en suis enchanté, et je le serois bien davantage, si je n'en
étois pas le sujet. » Dans une autre lettre écrite du
camp de la Neisse, le 23 septembre 1741, on trouve
ce passage : « J'ai reçu votre lettre et vos vers dont
je vous remercie. » M. Preuss a inséré en tête de
la correspondance de Gresset un Avertissement
où il rapporte ce passage d'une lettre de Frédéric
à Jordan, du 24 juin 1748 : « J'ai reçu de Gresset
une épître charmante dont je vous régalerai à mon
retour. » Ainsi, en trois ans voilà trois pièces de
vers, dont une ode et une épître. Les vers mention-
nés par le roi dans sa lettre du 23 septembre 1741
sont connus; ils commencent par celui-ci :

Du trône et des plaisirs voler à la victoire.

Quant à l'ode et à l'épître, rien n'a pu me mettre
sur leur trace.

Les témoignages de haute estime dont Gresset
était l'objet, excitèrent la jalousie de ses conci-
toyens, qui cherchèrent sottement à révoquer en
doute l'authenticité des lettres du roi. Ce dénigre-
ment auquel, malgré son talent, Gresset ne put

échapper, est attesté par le brouillon suivant que
de Longuerue a sauvé avec plusieurs autres :

« Envoyer la lettre du roi de Prusse à madame
la marquise de Chaulnes ; elle la vérifiera avec
M. Chambrier. En suite de quoi, la prier d'écrire à
M. Galland, qu'elle a su tous les mauvais bruits que
la sottise et la jalousie des Picards ont fait courir
sur mon compte ; qu'elle a bien voulu vérifier elle-
même les lettres avec M. l'ambassadeur du roi de
Prusse, et que toutes les lettres en question sont de
la main même de Sa Majesté. »

Le roi ne se contentait pas d'écrire à Gresset, il
lui envoyait des vers que plus d'un bon poëte ne
désavouerait pas ; l'ode imprimée par Renouard
dans la préface de son édition, fait honneur à la
muse royale. J'en possède une copie écrite par
Gresset et présentant, notamment dans la dixième
et dans la dernière strophe, quelques variantes
avec le texte donné par Renouard :

Tes vers harmonieux et sans fausse parure,
Loin de l'art pédantesque et de l'air affecté,
Enfants du dieu du goût, enfants de la nature,
    Ornent la vérité.

Berlin en est frappé : à sa voix qui t'appelle,
Viens des muses de l'Elbe attendrir les soupirs ;
Horace, Anacréon, sur ta lyre immortelle,
    Vont chez nous refleurir.

On serait peut-être plus heureux en s'adressant aux amateurs d'autographes que ne le fut l'Institut en écrivant à la cour de Berlin; nos collection-neurs doivent posséder quelques-uns de ces tré-sors qui se vendent aujourd'hui au poids du dia-mant; il n'est pas rare, dans les enchères, de voir une lettre insignifiante de Gresset atteindre le prix de cinquante francs.

A la fin de l'année 1796, de Longuerue quitta la ville d'Amiens, où il était lieutenant de gendarme-rie, pour prendre le commandement de la compa-gnie du département du Loiret. Son changement de résidence ne lui fit pas perdre de vue le but qu'il poursuivait, et d'Orléans il écrivait à Duméril le 3 vendémiaire an VII (24 septembre 1798) :

« ..... Mandez-moi donc à quoi vous en êtes pour notre édition projetée de Gresset. Quand vous avez été à Amiens, avez-vous vu Boitel? Vous a-t-il remis *le Parrain magnifique* et *le Gazetin?*.....

« Votre ami,

« GALLAND-LONGUERUE. »

Le travail de Duméril touchait à son terme, les lectures à l'Institut étaient achevées, les coupures

opérées et le manuscrit prêt à livrer à l'imprimerie : aussi, la question littéraire résolue, il ne
s'occupe plus que du côté matériel; mais alors
surgissent plusieurs difficultés. Par qui faire imprimer l'ouvrage? Combien en coûtera-t-il? Quel
sera le partage dans le bénéfice? Toutes ces
choses préoccupent sérieusement de Longuerue
et son metteur en œuvre. Le libraire Pougens
écrit à Duméril le 8 vendémiaire an VII (29 septembre 1798) :

« Je n'ai pas eu l'honneur de vous répondre
dans les 36 heures, Citoyen, comme je m'y étois
engagé, parce que j'ai employé tous mes soins pour
trouver un capitaliste qui pût se charger de faire
les fonds du Gresset.

« Calcul fait, pour faire quelque chose de pas-
sable, il faudroit près de trente mille livres, y
compris les six mille du manuscrit. Cette somme
effraye. Tant que nous aurons des prêteurs à
3 0/0 par mois, le commerce sera paralysé, et
vous voyez que les lettres en souffriront. On pourroit faire un bel in-4° de réflexions.

« Je me bornerai donc pour aujourd'hui,
Citoyen, à vous indiquer ci-bas les libraires
auxquels vous pouvez vous adresser. Si vous
ne réussissez pas, revenez-moi, nous négocierons

votre Gresset dans l'Étranger, et je suis peut-
être plus à portée qu'un autre de vous bien
servir.

« Salut.

« POUGENS. »

Suivent les adresses de six libraires. Déterville
et de Bure, auxquels Duméril s'adressa successivement, font l'éloge de l'entreprise « qui certainement
ne peut manquer de réussir; » mais chacun dé-
cline poliment le coûteux honneur de donner une
nouvelle édition de Gresset et s'empresse d'indiquer un confrère qui pourra s'en charger. La
somme de trente mille francs mise en avant par
Pougens était de nature à faire réfléchir le plus
hardi; mais, malgré le taux élevé de l'argent sous
le Directoire, je suis convaincu qu'il y a une exa-
gération-manifeste dans cette évaluation.

L'annonce de cette édition causa un grand
émoi dans la famille de Gresset; de Longuerue et
Duméril se virent l'objet d'injustes attaques. Bien
que les parents de Gresset prétendissent avoir connaissance de ses manuscrits, il est vraisemblable
qu'ils en ignoraient l'existence, puisque ce n'est
que dix ans après la mort du poëte que ces papiers furent découverts; en supposant même
qu'ils les eussent connus, leur insouciance envers
l'homme qui avait illustré leur nom n'était que

plus blâmable. Il est difficile d'admettre, comme l'avance Mlle de Toulle dans sa lettre du 23 février 1795, que la famille du poëte possédât des copies des pièces trouvées par de Longuerue. Si elle en avait, pourquoi les cacher? Que sont-elles devenues? La nièce de Gresset assure que des gens habiles, auxquels elle a communiqué ces copies, lui ont conseillé de ne pas les publier, comme étant peu dignes de figurer dans les œuvres de son oncle. Mais l'Institut, dont on ne récusera pas la compétence, est d'un avis contraire; Fontanes et Le Brun, bons juges certainement en pareille matière, déclarent que dans les poésies de Gresset qu'ils ont examinées « on trouve souvent l'abondance et l'heureuse facilité qui font le principal caractère de ses écrits, » et qu'en faisant un choix dans les manuscrits communiqués par Duméril, on peut « promettre au public un volume digne de lui, et à Gresset une nouvelle gloire. » Ces témoignages sont positifs et méritent toute confiance.

Les héritiers de Gresset ont agi avec une circonspection qui ressemble à de l'indifférence; de Longuerue, au contraire, ne faiblit jamais, et l'énergie avec laquelle il repousse les prétentions de gens qui s'obstinent à vouloir céler au public un trésor qui leur a échappé est très-remarquable. Le capitaine de gendarmerie ne ménage pas ses proches, et plus d'une fois, par des motifs de convenance,

j'ai cru devoir supprimer certains passages d'une
vivacité extrême. De Longuerue tient fortement à
ne pas être dépossédé de l'honneur d'avoir sauvé
les manuscrits de Gresset ; il appuie sur ce point
et y revient avec persistance ; aussi dans une
lettre adressée à Duméril qui, à la longue, avait
presque fini par se regarder comme l'heureux
auteur de la découverte, lui tient-il un langage
sévère :

« Orléans, 11 brumaire an VII
(1er novembre 1798).

« ..... A l'égard de la disposition que je vous ai
marqué me paroître convenable du bénéfice à faire
sur l'édition de Gresset, vous m'avez mal lu ; je
vous ai écrit que les petits Gresset seroient sans
doute satisfaits, en les y comprenant pour deux
cinquièmes, sous l'obligation de compléter nos
manuscrits en nous procurant les deux ouvrages
entre les mains de Boistel, qui leur appartiennent ;
que je destinois un autre cinquième et non pas un
tiers à mon frère, parce que je me fais un devoir
de partager avec lui ce que j'ai ; et enfin que vous
et moi partagerions les deux autres cinquièmes. Si
vous trouvez cette répartition susceptible de vos
observations, il n'y a rien d'arrêté, puisqu'il n'y a
rien même de communiqué ; mais je ne suis pas

d'accord que ce soit vous qui ayez découvert le trésor; je l'avois trouvé quand je vous l'ai mis entre les mains, et croyez que je n'aurois pas fermé la mine avant d'en avoir sondé tous les filons. Vous étiez loisible et j'étois occupé; voilà la raison qui m'a porté à vous remettre un soin que j'aurois sûrement pris tôt ou tard. Je n'en conviens pas moins de la reconnoissance que je vous dois; et je vous réitère toutes mes paroles; mais je rétablis les faits tels qu'ils sont..... »

Dans le public, Duméril passait effectivement pour l'auteur de la découverte, et son amour-propre s'en accommodait à merveille; seul il se trouvait en relation avec les sommités littéraires, tandis que de Longuerue, tantôt à Amiens, tantôt à Orléans, vivait complétement en dehors de la sphère intellectuelle; aussi les gens de lettres qui écrivaient à Duméril le regardaient, les uns comme le parent de Gresset, qualité que ne manque jamais de lui donner Mongez dans sa correspondance officielle, les autres comme son légataire; tous, sans exception, le croyaient l'unique et légitime possesseur de ses manuscrits. Un littérateur que la République avait réduit à une dure extrémité lui mandait :

« Vous m'aviez flatté, Citoyen, lors de notre dernière entrevue, que vous me feriez le plaisir de

me venir voir. Je suis fâché que tant de distance
nous sépare. Vous devez penser que sans votre
éloignement j'aimerois à cultiver la connoissance
et à rechercher l'aimable entretien du légataire de
Gresset. Lorsque le froid sera moins rigoureux, si
vous venez dans le voisinage du Palais-Royal, je
vous prie de ne point oublier mon modeste domi-
cile. Je suis habituellement chez moi jusqu'à midi.
Nous parlerons d'affaires, de ces pénibles affaires
que tout le monde entreprend aujourd'hui par besoin ou par cupidité, et que si peu de personnes,
excepté les élus, savent mener à bien. Lorsqu'on
est sans fortune comme moi, il vaut mieux se con-
damner à un travail fastidieux que de s'exposer à
l'empire du besoin. Les beaux jours de la littérature sont passés ; nous sommes jeunes et j'ai peu
d'espérance que nous les voyions renaître. Le temps
n'est plus où Boileau, à sa deuxième satire, étoit
déjà pensionnaire de l'État :

Euripide est libraire et Tibulle commis.

« Je sèche d'impatience de n'avoir aucune nouvelle de l'abbé Delille qui, au demeurant, mérite-
roit bien d'être oublié de ses amis qu'il oublie.
Pourriez-vous me dire ce qu'il fait, s'il est heureux
et si Mlle Vaudchamps est réellement morte?

« François de Neufchâteau vous a-t-il nommé à

la place que vous espériez? Je serois charmé d'apprendre que vous avez obtenu de lui un poste avantageux.

« Je vous prie d'agréer l'assurance de mes sentiments et des vœux que je forme pour votre bonheur.

« CHATEAUNEUF.

« 11 nivôse an vii (31 décembre 1798). »

Le signataire de cette lettre, l'Épine de Châteauneuf, successivement militaire, diplomate, homme de lettres et libraire, mourut à Hambourg en 1800; il a traduit en vers les *Idylles* de Théocrite et les *Paraboles* de l'Évangile.

Enfin Duméril donne au public signe de vie, et dans le tome II du *Conservateur*, recueil publié par François de Neufchâteau, il se décide à laisser imprimer l'épître de Gresset intitulée *l'Abbaye*. Cette pièce, triste pamphlet dirigé contre les ordres monastiques, obtint le suffrage intéressé des philosophes. De Longuerue, au contraire, l'apprécie d'une manière qui fait honneur à son goût, il va droit au but; son style est net et exempt de l'enflure qui déshonore celui de son associé.

« Orléans, 9 floréal an VIII (29 avril 1800).

« Je viens de recevoir, mon ami, les deux premiers volumes du *Conservateur*. Ce recueil, que j'ai
déjà parcouru, me paroît contenir des morceaux
intéressants.

« Sauf la prophétie et deux ou trois tirades, *l'Abbaye* n'est pas une pièce fort distinguée, à mon
avis. Elle tient un peu du style de M. de Félibien,
qui noye élégamment un rien dans un fatras de
verbiage, et dont Voltaire nous avertit de ne pas
imiter le beau langage. Vous voyez que je n'ai pas
de préventions de famille. Je n'ose vous donner
mon pronostic ; mais je pense que cette pièce n'est
pas de nature à faire isolément une grande fortune, et je crois qu'à moins de la livrer à forfait à
un imprimeur, nous pourrions être dupes des frais
d'impression. Quand je dis à forfait, j'entends à
prix convenu. Je ne conçois pas comment ni pourquoi Sélis s'immisce dans ce qui a rapport à défunt
Gresset, dont il n'étoit ni le parent ni l'ami, et dont
il n'a même jamais été estimé comme littérateur.
Il radote ce Sélis, et il est ridicule qu'il soit le conseil et l'organe des jeunes neveux de Gresset, qui,
d'ailleurs, n'ont sur les ouvrages manuscrits que

7

j'ai trouvés de leur oncle, d'autres titres que ceux
que j'ai consenti à leur faire. Je sais d'ailleurs qu'ils
n'ont pas une ligne de Gresset ; mais il convient
qu'ils se donnent quelques mouvements pour réunir ce qu'il a laissé, s'ils veulent se rendre dignes
de mes procédés envers eux. Voilà ce que je vous
engage à leur notifier, quand le hasard, ou votre
complaisance vous les fera rencontrer. J'ai quelque répugnance à écrire à Boistel. Ils n'en doivent pas avoir à réclamer de lui ce dont il n'est
que dépositaire à titre de confiance. Savez-vous
si le citoyen Wailly existe encore ?

« Faites-moi le plaisir de me mander si vous
avez réussi dans les démarches que vous vous
étiez proposé de faire pour parvenir à nous procurer *l'Ouvroir*. Cette pièce, dont l'existence est connue, est indispensable à notre édition... »

De Longuerue va trop loin lorsqu'il affirme que
les neveux de Gresset n'avaient pas une ligne de
leur oncle ; mais il est de fait que ce qu'ils possé-
daient se réduisait à peu de chose. Cette lettre est
la dernière de de Longuerue, qui mourut à Orléans, le 13 août de cette année, à l'âge de quarante-quatre ans[1].

---

[1] Voici l'extrait de l'acte de décès qui m'a été transmis par la municipalité d'Orléans : « Léonard-Marie Galland Longuerue, âgé de quarante-quatre
ans, capitaine de gendarmerie, né à Sedan (Ardennes), fils de feu François
Galland Longuerue et de Françoise Dumet, mort à Orléans, le 25 thermidor an VIII. » J'écrivis à Sedan pour être bien fixé sur la naissance de

L'Abbaye n'était pas le seul morceau que Duméril eût communiqué à François de Neufchâteau. D'autres pièces lui avaient été confiées et devaient enrichir *le Conservateur;* malheureusement cette entreprise littéraire n'ayant pas eu de suite, la publication de quelques poésies de Gresset fut encore une fois ajournée. « Je vous remettrai pour vous un exemplaire du *Conservateur,* et nous parlerons de Gresset, » écrivait François de Neufchâteau à Duméril, le 16 janvier 1801. « La saison me rappellera bientôt à la campagne. Je voudrais bien profiter des beaux jours pour examiner le reste des matériaux de Gresset. C'est avec le printemps qu'il faut évoquer cet aimable génie. Si vous voulez me mettre à portée de l'interroger, faites-moi l'amitié de me donner de vos nouvelles. »

Duméril obtempéra avec empressement à cette demande. La communication des manuscrits de Gresset lui parut propre à servir son ambition, et il résolut de profiter de ses rapports avec François de Neufchâteau pour arriver au Corps législatif. Au commencement de l'année 1802, il lui exposa ses intentions et réclama son appui; mais le rusé littérateur éluda cette requête compromettante, tout

de Longuerue, et je reçus de M. le greffier du tribunal civil la réponse suivante : « 25 septembre 1862. J'ai fait moi-même les recherches, et je n'ai trouvé aucun acte de naissance applicable au sieur Léonard-Marie Galland de Longuerue, ni à aucune personne de ce nom. » De quel côté vient l'erreur ?

en continuant avec Duméril une correspondance
dont les manuscrits de Gresset formaient le sujet
ordinaire.

« ... Je n'ai pu mettre aucun préambule à la
pièce de Gresset, parce que j'avais égaré vos notes
et que le tracas de mon déménagement et de mon
prochain séjour à la campagne ne m'en a pas laissé
le temps. J'ai seulement annoncé que je pourrais
faire connaître mieux Gresset dans un des volumes suivants. Ce serait le sujet d'une notice un
peu étendue et qui pourrait être piquante.

« Je n'ai pas encore eu le moment d'examiner
l'Esprit à la mode. On vient d'insérer dans le journal
de Paris des vers attribués à Gresset. Je ne les
crois pas de lui. Pouvez-vous venir décadi matin ?

« Salut fraternel.

« FRANÇOIS DE NEUFCHATEAU. »

Pendant que Duméril perdait son temps en négociations et en lettres qui ne devaient amener
aucun résultat, un libraire de Paris prenait les de-
vants. En 1802, Herhan faisait imprimer, d'après
le procédé auquel il a attaché son nom, une édition
de Gresset en un volume in-8°. Ainsi que Duméril,
Herhan s'adressa à François de Neufchâteau et sol-

licita son concours ; mais, chez lui, le spéculateur
dominait le littérateur, et, avant que le critique
auquel il avait recours lui eût fait part de ses observations, il publiait précipitamment son édition,
rendant inutiles les avis judicieux qu'il recevait.

« Au Perreux, le 23 thermidor an x de la République
(11 août 1802).

« *Le sénateur François de Neufchâteau
au citoyen Herhan.*

« Citoyen,

« Nous avons eu de si graves occupations que
je n'ai pas pu achever la révision de la requête de
Gresset. Je comptais vous la remettre à Paris, le
jour de la fête ou le lendemain. J'avais, en même
temps des observations à vous faire. En voici
l'objet :

« 1° Vous faites tort, ce me semble, à votre auteur et à votre édition en vous privant de plusieurs
pièces charmantes qui prouvent la souplesse aimable de la muse de Gresset, et que l'éditeur de
la collection d'Artois n'a retranchées que parce
qu'il n'en a pas senti le mérite. Il y a des gens
qui n'aiment pas la nature. Je ne conçois pas que
l'on puisse exclure d'un choix des pièces de Gresset

l'idylle intitulée *le Siècle pastoral* et l'ode à Virgile *Sur la poésie champêtre*. Nous n'avons rien de plus agréable en français dans le genre bucolique, dont la dernière pièce trace les règles, en même temps qu'elle donne l'exemple. Nous admirerions ces morceaux s'ils se trouvaient dans Gessner. Pourquoi les dérober au recueil des œuvres choisies de Gresset? Je propose de les y comprendre.

« 2° Je demanderais grâce aussi pour deux ou trois autres pièces, par différents motifs. Par exemple, je voudrais, pour l'honneur des arts, conserver les *Vers sur les tableaux exposés à l'Académie royale de peinture au mois de septembre* 1737. Enfin, pour honorer la morale et les sentiments de l'auteur, je reproduirais deux odes foibles, mais touchantes, celle *Sur l'amour de la patrie* et celle à une dame *Sur la mort de sa fille, religieuse à Arras.*

« 3° Après avoir relu les vers de Watelet, je ne les crois pas dignes de figurer dans ce recueil, mais je crois me rappeler une ode du roi de Prusse à Gresset, qui mériterait d'y entrer. L'hommage d'un roi à un simple rimeur est toujours bon. Cependant, il y a longtemps que je ne l'ai lu. Si vous voulez me procurer un exemplaire des poésies de Frédéric, je relirai cette ode de Gresset et je vous dirai ce que j'en pense.

« 4° Je mettrais l'idylle, les vers sur le salon de 1737, les odes, etc., avant la *Requête au roi.*

Je finirais le recueil par l'ode du roi de Prusse, à moins que vous ne préfériez de la faire entrer dans la Notice.

« 5° Enfin, d'après l'intérêt que je prends à ce volume et à ce qui peut le suivre, je voudrais en avoir les bonnes feuilles, afin de vous donner le croquis d'une table.

« Réfléchissez, Citoyen, sur ce que je propose. Je serai à Paris le jour de la fête, et j'y resterai vraisemblablement plusieurs jours. Quoique fort occupé, je serai toujours le matin fort aise de vous consacrer quelques moments.

« Je vous salue.

« FRANÇOIS DE NEUFCHATEAU. »

L'édition de Gresset dont s'occupait Herhan donna lieu également à une correspondance entre François de Neufchâteau et Duméril, qui paraît avoir eu quelque part à cette publication :

« A Paris, le 23 brumaire an xi (14 novembre 1802).

« Citoyen,

« Je serai fort aise que le citoyen Herhan vous mette à portée de rectifier, ou d'ajouter les faits dont je n'avais pas une connaissance aussi exacte que celle que vous avez du titre des manuscrits de Gresset. Le citoyen Herhan paraît un peu pressé de faire paraître ce volume; mais je crois que l'intérêt même de la chose doit lui faire désirer que la Notice contienne des faits positifs. J'ai annoncé que la vie de Gresset n'était pas encore bien connue. Je désire, par-dessus tout, la vérité, et je vous serai obligé de me mettre à même de la dire.

« Je vous salue fraternellement.

« FRANÇOIS DE NEUFCHATEAU. »

« *P. S.* Une chose très-curieuse, qui n'eût pas excédé les bornes de la Notice, eût été de donner les titres seulement des comédies dont on a des matériaux ou des esquisses; mais je n'ai pas pu faire cette liste sur les seules données que j'ai, et il faut celles que vous réunissez. Ces titres piqueraient vivement la curiosité du public. »

La participation de François de Neufchâteau à la réimpression projetée des œuvres de Gresset lui occasionna des désagréments qui lui furent très-sensibles, autant que j'en puis juger par le contenu de la lettre suivante, la dernière que je possède de sa correspondance avec Duméril.

« J'ai vu avec peine, Citoyen, le compte amer que l'auteur du *Publiciste* a rendu de la lecture du *Chartreux*. Quant à la Notice de Gresset, j'ignore ce qui l'empêche de paraître à la tête du choix de ses poésies. Je m'en suis rapporté là-dessus au citoyen Herhan. J'ai assez de mes embarras personnels, pour ne pas chercher ailleurs des sujets de discussions désagréables.

« Je vous salue amicalement.

« FRANÇOIS DE NEUFCHATEAU. »

Le Publiciste avait pour rédacteur principal Suard; j'ai cherché dans ce journal et dans les œuvres de Suard le compte rendu dont se plaint François de Neufchâteau, il m'a été impossible de le découvrir.

Là s'arrête la correspondance de Duméril[1] avec les personnes qui s'intéressaient à la renommée de Gresset. Cette correspondance établit de la manière la plus authentique quand et comment les papiers du poëte ont été trouvés; mais elle

[1] Duméril mourut à Paris, le 6 avril 1830; il était âgé de soixante-cinq ans.

8

n'indique pas avec autant de précision ce qu'ils contenaient. Cependant, à l'aide de ces lettres, du Rapport lu par Fontanes à l'Institut et des articles de Millin, la lumière parvient à se faire. *Les Pensionnaires*, *l'Ouvroir*, le *Gazetin* et le *Parrain magnifique* n'étaient pas en la possession de Duméril. Il avait la correspondance de Gresset avec le roi de Prusse, plusieurs épîtres adressées à ce prince, *l'Abbaye*, le *Chartreux*, la *Description de la Hautoye*, la *Requête au roi pour faire avoir à un ami la survivance d'une lieutenance de roi*, les *Vers à l'abbé de Chauvelin*, le *Voyage à La Flèche*, *l'Esprit à la mode*, comédie inachevée, et plusieurs autres pièces assez faibles. Je donnerai, à la fin du volume, l'indication des ouvrages de Gresset dont j'ai pu recueillir le titre dans le portefeuille de Duméril; quelques-unes de ces poésies ont été insérées par Fayolle, dans une édition de Gresset en trois volumes in-18, publiée à Paris, chez Didot, en 1803.

Fayolle cite, dans la préface, onze vers des *Pensionnaires* qui lui ont été communiqués par Duméril; il mentionne également comme ayant cette origine les *Vers à l'abbé de Chauvelin*; mais, pour dire toute la vérité, Fayolle aurait dû ajouter qu'il tenait de la même main la *Requête au roi pour faire avoir à un ami la survivance d'une lieutenance de roi*, et *l'Épître sur l'égalité*.

Les critiques sont unanimes pour rendre justice au mérite du *Chartreux*, épître que possédait de Longuerue et dont Fontanes a révélé
l'existence. Cette pièce était dédiée à Mme la duchesse de .... (probablement la duchesse de
Chaulnes), et accompagnée de l'envoi suivant
que je donne d'après une copie de Duméril :

> Ce misanthrope, ce sauvage,
> S'il faut le dire clairement,
> Ce chartreux n'est qu'un pauvre sage
> Qui ne l'est plus en vous voyant,
> Ou l'est peut-être davantage :
> Car on ne l'est bien qu'en aimant.

Après s'être occupé pendant plusieurs années
des manuscrits de Gresset, Duméril, cédant à une
pensée mauvaise, les a-t-il vendus et mérite-t-il
les reproches que lui adresse M. de Cayrol ? Cela
paraît assez vraisemblable.

Si les papiers de Gresset ont été l'objet d'une
spéculation regrettable, ils n'ont pu être achetés
que par un connaisseur, et ils doivent se trouver,
j'en ai la conviction, dans quelque collection où
l'on finira par les découvrir. Les révélations les
plus inattendues surgissent chaque jour ; c'est ainsi
que j'ai eu connaissance d'une lettre adressée par
Mme de Pompadour à M. de Marigny, son frère,

et relative à la candidature de Gresset à l'Académie française. Notre compatriote, cédant à l'entraînement général, s'était adressé à la favorite pour arriver au fauteuil académique; il avait cependant de meilleurs titres qu'une pareille recommandation pour l'emporter sur ses concurrents; heureusement, Mme de Pompadour s'était déjà engagée pour un autre candidat; et si Gresset fit une démarche un peu risquée, le refus qui l'accueillit est pour lui un titre de gloire. Voici la lettre dont je parle :

« Je vous assure, mon frère, que j'ai dit à M. Gresset que je ne dirois pas un mot pour lui, attendu que je m'intéresse pour l'abbé Leblanc; je crois les places de l'Académie décidées dans le moment présent; qu'il se tienne tranquille, et je lui promets qu'à la première vacante, je m'emploierai pour lui avec les voix des personnes de l'Académie que je connois. C'est un homme sage et vertueux, mais qui a peu d'amis. »

La lettre n'est pas datée, mais j'ai la preuve qu'elle est antérieure au 2 mars 1748. Malgré l'influence contraire de Mme de Pompadour, Gresset fut élu membre de l'Académie française le 21 mars suivant. Cette lettre et d'autres encore peuvent mettre sur la voie de particularités inconnues; aussi serait-ce à tort que l'on désespérerait de retrouver les manuscrits sur lesquels j'appelle de nouveau l'attention publique; des découvertes plus extraordinaires ont eu lieu; des livres, dont l'existence était contestée, ont apparu aux yeux des incrédules au moment où ils s'y attendaient le moins.

Comment la correspondance que j'ai mise au jour est-elle venue entre mes mains? Je ne veux pas en faire un mystère. Dans une vente faite à Paris, à l'hôtel des Commissaires-Priseurs, se trouvait une malle pleine de papiers, qui fut adjugée, avec son contenu, à un de ces fureteurs que l'on rencontre habituellement en cet endroit. Les papiers furent offerts à un marchand d'autographes qui en garda pour lui une partie, entre autres la correspondance de Delille avec Duméril, et proposa à la ville d'Amiens d'acheter ce qui concernait Gresset; mais, obéissant à je ne sais quelle inspiration, la ville ne jugea pas à propos de faire un sacrifice de quelques centaines de francs pour le poëte qui a le plus contribué à sa gloire. Instruit de cette faute, je me hâtai d'en profiter, et je me rendis acquéreur des manuscrits que laissait échapper la municipalité amiénoise.

Le hasard était encore pour beaucoup dans cette seconde découverte des poésies de Gresset; cette fois, malheureusement, le *petit trésor* de de Longuerue n'était plus intact. Dans la liasse de papiers sauvés par ce dernier, puis perdus, et qui, de main en main, mais toujours en s'amoindrissant, sont arrivés jusqu'à moi, se trouve un cahier de vingt-quatre pages in-4° qui n'est pas de l'écriture du poëte; c'est le premier jet de *Ver-Vert*. Cette copie est sans doute le résultat d'un larcin poétique comme Gresset se plaint d'en avoir été la victime.

> Et ravi, je ne sais comment,
> Au secret de son maître absent.
>
> (*Les Ombres.*)

Le soin avec lequel l'auteur conservait cette copie indique assez qu'il ne la désavouait pas; l'ébauche n'est pas indigne de la statue. Il y a une différence sensible entre ce *Ver-Vert* primitif et celui qui excitait l'admiration de Jean-Baptiste Rousseau; la comparaison est intéressante et fournirait matière à des rapprochements curieux. Les plus grands écrivains ne produisent pas instantanément les chefs-d'œuvre que nous admirons; chacune des tragédies de Racine lui coûtait une année de travail : le beau *Ver-Vert* n'est pas éclos tout brillant du cerveau de Gresset, et quand on examine le point de départ avec le terme de l'arrivée, on voit par quelle filière ont passé les idées du poëte, comment son génie s'élève et grandit pour arriver enfin à produire une œuvre parfaite.

Le manuscrit dont je parle ne présente que
468 vers ; la première édition de *Ver-Vert*, La
Haye, Guillaume Niegard, 1734, en renferme
655 ; la seconde édition, 1735, même imprimeur,
contient 703 vers ; enfin, le poëme complet donne
715 vers ; ainsi, Gresset a ajouté successivement
247 vers à son premier travail. Dans le manuscrit,
de même que dans les éditions de Hollande, le
sujet n'est pas divisé en quatre chants ; *Ver-Vert*
ne formait dans le principe qu'un conte en vers,
et c'est en le retouchant que l'auteur a augmenté son cadre et lui a donné les proportions
d'un petit poëme.

La copie de *Ver-Vert*, que je conserve, a pour
titre : *Vair-Vert ou le perroquet de la Visitation. A
monsieur de S..., par le P. G.* Au haut de la page,
on lit : *Fait à Tours.* Cette dédicace diffère de celles
que l'on connaît. Quel est ce *monsieur de S...?*
C'est une énigme littéraire dont la solution est
peut-être impossible. J'ai hésité longtemps si je
publierais ce *Ver-Vert princeps*, je puis le dire : cette
publication ne serait pas sans attrait pour un critique, mais elle ne pourrait ajouter à la réputation
de Gresset, et j'y ai renoncé. On sait que le poëte
avait le projet d'augmenter son poëme de deux
chants dont le sujet était *les Pensionnaires* et *l'Ouvroir*. J'ai trouvé dans les papiers de Duméril, et
de sa main, le plan du chant des *Pensionnaires ;*

il mérite d'être conservé, car, jusqu'à présent,
personne, je crois, n'a pu donner beaucoup de
renseignements sur cette production de Gresset.

« On se rappelle l'opposition inutile des nonnes
prudentes au voyage de l'oiseau ; la mère Albine
prédit des malheurs et dit cent fois qu'il en
mourroit, qu'on s'en repentiroit; l'autorité décide,
on ne veut rien entendre, la pauvre mère a le
sort de Cassandre.

> Si l'on en croit des mémoires secrets,
> Et si, des cœurs pénétrant le mystère,
> On peut scruter celui de notre mère,
> Il est certain que de grands intérêts
> Et des motifs ignorés du vulgaire

surent l'engager à cette grande résolution; les
gens chargés du gouvernement voient au delà des
yeux du peuple.

« Un événement, un présage affreux, avant le
départ, fit couler des larmes, annonça des choses
funestes et sinistres, et cependant ne changea rien
au parti pris. »

En marge, Duméril ajoute ces détails qui justifient le titre du chant :

« Ordinairement, on enlève les héros au milieu
du poëme ou du conte : pour moi, j'écris sans
prétention, je suis l'histoire, et je ne veux pas qu'il
y entre de fictions.

« Dans le pays des guimpes, il est sous le
même toit un autre peuple, peuple enfant, étranger à la communauté, c'est un berceau de roses,
c'est le séminaire des beautés qui viennent du
cloître orner l'Opéra où l'on reçoit bien d'autres
leçons, peuple malin qui vole au jardin les abri-
cots et les salades, joue au colin-maillard, la cave
aux morts. Les petites pensionnaires s'amusent,
les grandes s'ennuient : quatorze ans viennent et
l'ennui avec eux. Partout plaisirs, des déjeuners
et des collations en bonne fortune. Une de ces
grandes avoit une vengeance à prendre, elle fit
le tour d'enlever l'oiseau [et de le cacher], où?
dans le caveau des morts ; on l'avoit cherché partout ailleurs. »

Cette espièglerie semble un peu lugubre, et
forme un contraste avec le ton général du poëme.
Parmi les œuvres de Gresset, *Ver-Vert* surtout
échappe à l'analyse; la lecture seule peut faire
apprécier le mérite hors ligne de ce diamant de
notre poésie légère. Aussi ne peut-on juger *les
Pensionnaires* d'après le compte rendu fort sec et
assez peu intelligible de Duméril : la muse brillante de Gresset excellait à parer des plus riches
couleurs le sujet le plus frivole.

Occupons-nous maintenant des autres pièces
sur lesquelles doit se porter notre attention.

MANUSCRITS

DE GRESSET

AYANT APPARTENU AUX JÉSUITES

J'ai dit, en commençant, qu'une partie des pièces imprimées dans ce volume proviennent des jésuites. La maison professe de Paris possédait, en effet, plusieurs manuscrits de Gresset ; les supérieurs, désirant s'en défaire pour acheter des ouvrages plus en rapport avec leur profession, chargèrent un libraire de les vendre ; l'acquisition à l'amiable me fut proposée ; j'eus le grand tort de ne pas y consentir. Les manuscrits furent mis en vente, et je dus soutenir la concurrence d'un effréné collectionneur d'autographes ; enfin, et non sans une large brèche faite à ma bourse, je fus déclaré adjudicataire. Je commençai de suite une

enquête bibliographique, et j'appris que les manuscrits dont j'étais devenu le possesseur avaient
appartenu à un jésuite décédé vers 1827, lequel
n'avait jamais voulu s'en dessaisir et les avait em-
portés jusqu'en Russie, où il fut envoyé. Après sa
mort, les poésies de Gresset, qu'il avait conservées
religieusement, furent déposées dans la bibliothèque d'une maison de l'ordre, d'où on les trans-
mit à Paris pour les échanger contre d'autres
ouvrages.

Je crois utile de donner des explications sur
quelques-unes de ces pièces.

Le *Voyage à Rouen*, la première par rang d'an-
cienneté (1733), présente une particularité assez
singulière ; l'auteur s'est servi d'une partie des
vers qu'elle renferme pour écrire une autre odys-
sée connue sous le titre de *Voyage à La Flèche*
(1734). Ce dernier voyage, que Daire a publié,
« est adressé, dit-il, à Mme du Perche, de Tours,
femme de beaucoup d'esprit[1]. » Cette dédicace
ne s'accorde pas avec le texte du manuscrit de ce
voyage acquis des jésuites ; il commence ainsi :
« Respirons, Messieurs et Dames, et parlons :
c'est assez chanté pour un Fléchois. » Ce n'est
pas à une dame que convient ce début. Deux
chansons se trouvent à la suite du *Voyage à La
Flèche ;* elles sont tellement faibles que je les

---

[1] *Vie de Gresset.* Paris, Berton, 1779, page 8.

passerai sous silence : toutes deux sont en français, et Daire commet une erreur en disant que
la première est en patois tourangeau. Voici le
couplet de la seconde chanson que cet auteur
indique comme étant adressée à Mme du Perche,
bien que le nom de cette dame ne figure dans
aucun passage du manuscrit :

> La Flèche m'est un Paris,
> Puisque par elle je suis
> Voisin des lieux où vous êtes,
> Turlurette, turlurette.

Gresset perdit bientôt cette illusion trop sédui-
sante, et le chagrin qu'il ressentit d'être exilé
à La Flèche lui inspira des vers dans lesquels
il traçait de ce séjour un tableau peu attrayant;
j'ai retrouvé le canevas d'une de ces pièces dans
le portefeuille de Duméril. Le pauvre reclus se
plaint du silence des oiseaux de La Flèche, de la
lenteur de la rivière qui y passe :

> Du triste Loir la nymphe langoureuse
> Épand ici une onde paresseuse.

Enfin, il ne trouve d'autre moyen, pour vivre
dans ce lieu de douleur, que de dormir seize
heures par jour, « recette pour n'y passer que
trois mois dans l'espace d'un an. »

Notre compatriote s'amusait volontiers à en-
tremêler de vers le récit de ses voyages : la *Lettre*

qu'il écrit à sa mère le 1er août 1735 est un nouvel exemple de la facilité de sa muse.

L'ode *Au roy de Prusse, pour le premier jour de l'année* 1750, ne doit pas être confondue avec une ode dont M. de Cayrol a cité une strophe, dans le tome Ier, page 292, de son *Essai*. La strophe que le biographe de Gresset rapporte comme faisant partie d'une ode adressée à Frédéric, *au début de l'année* 1750, avait certainement une destination différente. La pièce que je publie est celle qui a été faite pour cette occasion : le titre est entièrement de la main de Gresset, et ces mots : *Pour le premier jour de l'année* 1750, ne laissent pas la plus légère incertitude.

La lettre *Sur la mort du duc de Parme,* écrite. en 1765, à M. de Chauvelin, ambassadeur à Turin, a été imprimée par M. de Cayrol [1] d'après un premier brouillon de l'auteur; Gresset le retoucha et lui fit subir divers changements. A la suite de cette lettre, revue et corrigée, je donne la pièce qui l'accompagne, et dont M. de Cayrol avait pu reconstituer seulement la première strophe.

A la différence des manuscrits provenant de Duméril, ceux que j'ai achetés aux jésuites sont dans un état parfait de conservation et prêts à être livrés à l'impression : je dois cependant en excepter *le Parrain magnifique,* dont plusieurs chants

---

[1] *Essai sur Gresset*, tome II, page 17.

contiennent des corrections nombreuses. J'ai parlé précédemment de l'échange de lettres qui s'était établi entre Frédéric et Gresset; cette correspondance n'avait pas été interrompue : ainsi, le 27 septembre 1769, le roi lui écrivait de Berlin: « Ce sera toujours avec un plaisir nouveau que je recevrai et que je lirai vos ouvrages. Souvenez-vous de votre promesse, et que j'aie bientôt ce poëme dont vous me parlez.

« Les lettres m'auront obligation de ce que je vous ai engagé à courir de nouveau une carrière où vous avez eu tant de succès. »

Le Parrain magnifique me conduit inévitablement à parler de Renouard, car son nom revient aussitôt à l'esprit quand il est question de cet ouvrage. Lorsque Renouard publia, en 1810, *le Parrain magnifique,* il se servit d'une copie que lui procura sir Herbert Croft, ministre anglican établi à Amiens et grand amateur de littérature. Malgré ses instances, Renouard n'avait pu obtenir la communication d'un manuscrit du *Parrain magnifique* appartenant à M. Boistel de Belloy, neveu de Gresset, manuscrit *d'ailleurs bien moins correct*, dit-il, que celui dont une copie lui fut adressée; mais, tout en dépréciant le manuscrit de M. de Belloy, Renouard l'utilisa cependant : car, l'ayant eu ensuite à sa disposition, il s'en servit pour une nouvelle édition qu'il projetait.

François de Neufchâteau, qui avait constamment prêté son concours pour la publication des
œuvres de Gresset, fut aussi consulté par Renouard.
Ce dernier avait devancé le goût de notre époque
pour les autographes et conservait précieusement
les lettres du sénateur académicien dont les rudes
boutades devaient parfois lui être fort désagréables; sa correspondance, toute littéraire, entre
nécessairement dans le cadre de mes recherches.

« Paris, le 25 mai 1811.

« Je me suis empressé, Monsieur, d'ouvrir le
paquet que vous avez bien voulu m'adresser. J'ai
trouvé malheureusement deux seconds tomes de
Gresset, et point de premier volume, ce qui a
désappointé ma curiosité. Je vous serai obligé de
me renvoyer lundi matin un premier tome, et
je rendrai l'un des seconds avec l'édition d'Ésope,
que j'ai été bien aise de voir, mais dans laquelle
je n'ai trouvé rien de particulier.

« Je ne vois pas que vous ayez fait usage du
discours de Gresset à l'Académie, qui causa momentanément son chagrin et occasionna sa dévo-
tion. Si cette pièce ne se trouve pas dans le premier
volume, elle manque à votre édition. Je vous

l'aurais procurée, si j'eusse pu penser que vous ne l'aviez pas.

« Je vous remercie particulièrement du *Parrain magnifique*. Ce poëme a été bien mal apprécié par les journalistes. Je l'ai relu deux fois avec plaisir malgré les longueurs qu'on peut y trouver. Je suis bien fâché que vous n'ayez pas songé à me communiquer le manuscrit avant de l'imprimer. Il aurait été facile de remédier à cinq ou six défectuosités de la copie. Par exemple, page 47, il manque une rime au troisième vers du chant cinquième, et l'on ne saurait croire que cette faute soit de l'auteur, dont l'oreille était si sensible au rhythme et à l'harmonie. Page 110, il manque aussi une rime féminine qui était sûrement intercalée entre les deux vers masculins dont l'un finit par *Pluton* et l'autre par *ayeux*. Page 112, *le Flambeau nocturne* (qui est là pour la lune) ne rime point avec *fortune*. Il eût été à désirer que ces taches légères disparussent.

« J'ai l'honneur de vous saluer.

« Le sénateur comte,

« FRANÇOIS DE NEUFCHATEAU. »

Au bas de la lettre, Renouard a écrit : « Si le public avait eu la courtoisie de mieux accueillir cette bagatelle, j'ai eu depuis et j'ai encore de quoi en faire une bien meilleure édition. »

J'ai collationné le texte de Renouard avec le manuscrit de Gresset; l'imprimé est fautif en deux endroits. Voici la correction réclamée par François de Neufchâteau :

> *Reine des songes de la vie,*
> Heureuse imagination,
> Pourquoi sur tes bienfaits répandre le poison
> D'une sombre mélancolie?

Renouard a passé le premier vers. Dans le manuscrit, le vers qui devait rimer avec Pluton manque; cet oubli de Gresset est d'autant plus extraordinaire que ce passage est un de ceux qu'il a retouchés.

Les vers du dixième chant, page 112 de Renouard, sont tout autres dans le manuscrit que dans l'imprimé et justifient la critique dont ils sont l'objet. Voici comment Renouard les donne :

> Ainsi la tour de Montlhéri,
> Le front nu, sans créneaux, et rongée à demi
> Par les siècles, et l'air, et le flambeau nocturne,
> Aux yeux du voyageur à ses pieds recueilli,
> Étale encor l'orgueil d'une antique fortune.

Gresset dit au contraire :

Ainsi la tour de Montlhéri,
Quoique partout minée et rongée à demi
Par l'air, les siècles et la lune,
Aux yeux du voyageur transi,
Étale encor l'orgueil d'une antique fortune.

Renouard avait chargé Legouvé de revoir *le
Parrain*, et c'est de lui que sont les vers critiqués
par François de Neufchâteau. Le texte remis à
Legouvé portait :

Ainsi la tour de Montlhéri,
Quoique partout *ruinée* et rongée à demi,
Par l'air, les siècles et la lune,
Aux yeux du voyageur transi,
Étale encor l'orgueil d'une antique fortune.

« *Ruinée*, dit Legouvé, donne au vers une syllabe de trop, ce qui est une faute de quantité ;
d'ailleurs, si la tour est partout ruinée, comment
n'est-elle rongée qu'à demi ? Je persiste à trouver
la lune et *transi* des termes trop communs pour
cette peinture qui a de l'éclat ; voici comment
je l'arrangerais pour que les couleurs fussent en
concordance. » Legouvé faisait ses corrections sur
un texte incorrect, il était donc excusable ; mais
il n'est pas heureusement inspiré, et, à son tour,
les changements qu'il propose sont regardés

comme des fautes par un de ses confrères en Apollon. N'est-ce pas la peine du talion? Laissons les vers de Gresset tels qu'il les a faits; c'est le parti le plus sage.

Le 28 mai 1811, François de Neufchâteau écrit à Renouard:

« J'ai voulu, Monsieur, profiter de votre beau présent des œuvres de Gresset; mais, à l'ouverture du livre, je suis tombé sur des fautes inconcevables dans une édition soignée, qui sort des presses d'un homme comme M. Didot, et qui a été relue par un libraire comme vous. Est-il possible que dans l'Épître xiv au père Bougeant, tome Ier, page 183, au lieu de:

Parmi Lactance et Métrodore,

vous ayez laissé imprimer:

Parmi Lactée et Métrodore.

« Au revers de cette page, pourquoi retrancher l'e final de Zéphire personnifié. et mettre:

Quand Vénus, Vertumne, Zéphir,

tandis que la rime appelait naturellement cette
autre orthographe :

> Quand Vénus, Vertumne. Zéphire,
> La volupté, que tout respire.

« Mais voici bien pis, et ce qui m'a donné
une humeur que je ne puis vous dissimuler. Le
tome II, page 279, présente une jolie pièce de vers
adressée à M. l'évêque de Luçon ; mais pièce dé-
figurée par le vers le plus étrange et la faute
typographique la plus grossière que j'aie encore
vue. Vous faites dire à Gresset, au bas de cette
page :

> Protéger Euterpe et Minerve,
> C'est le Moutier, l'ami du bien commun.

« Qu'est-ce que cela veut dire, bon Dieu! Quel
rapport le *Moutier* a-t-il avec tout le reste de cette
charmante petite épître? Je n'ai sous les yeux
aucune autre édition de Gresset, et j'ignore comment ces vers ont pu être imprimés, s'ils l'ont
été ailleurs. D'après le sens du compliment que
l'auteur adresse à l'évêque de Luçon, j'imagine
qu'il a pu dire :

> Protéger Euterpe et Minerve,
> C'est un mérite assez commun.

ou bien :

> Protéger Euterpe et Minerve,
> C'est le métier des grands, ce mérite est commun.

ou, enfin :

> Protéger Euterpe et Minerve,
> C'est chez les grands seigneurs un mérite commun.

« Mais, je vous en prie, faites disparaître ce vilain *Moutier, ami du bien commun,* qui, vraiment, n'a pas le sens commun. Une page qui porte une pareille sottise déshonore les caractères de Didot. Je ne vous conseille pas d'envoyer cette belle page à M. le chevalier Croft, si vous ne voulez le mettre dans une colère pareille à celle que je vous montre ici, et dont je ne me départirai que lorsque vous aurez fait un carton pour cette horrible faute. Elle m'a tellement découragé que je n'ai pas coupé le reste de vos deux volumes.

« J'ai l'honneur de vous saluer.

« Le sénateur comte.

« François de Neufchateau. »

La lettre est peu flatteuse, et tout autre que Renouard l'eût jetée immédiatement au feu; lui.

au contraire, la garde avec soin et se soulage
en y ajoutant ces deux petits correctifs, le premier à propos de *Lactée* :

« Eh bien ! oui, ce sont des fautes, mais on n'en
laisse passer que trop. » Et le second concernant
le *Moutier* : « Je voyais bien que ce vers était inin-
telligible : mais avais-je le droit de le refaire ?
Pour tâcher de lui donner quelque apparence de
signification, j'ai mis, fort inutilement peut-être,
une M au mot moutier. »

Les deux fautes relevées si vertement par François de Neufchâteau se trouvent dans l'édition de
Fayolle, que Renouard a suivie presque à la lettre ;
s'il avait consulté les premières éditions de Gresset, Renouard eût évité facilement les erreurs
qu'il cherche en vain à pallier ; voici comment
le vers y est rendu :

> Protéger Euterpe et Minerve,
> Si le mérite est grand, l'éloge en est commun.

Renouard essaya de se disculper auprès de
François de Neufchâteau ; mais l'intraitable académicien, dont l'oreille avait été péniblement
offensée, ne voulut entendre aucune raison, et
dès le surlendemain, sans plus tarder, il répon-
dait à l'éditeur malencontreux :

« Paris, 30 mai 1811.

« J'admire, Monsieur, les raisonnements par lesquels vous voulez vous faire illusion sur le vers barbare :

C'est le Moutier, etc.

« L'évêque de Luçon se nommait Bussy, fils du Bussy-Rabutin dont on a les lettres et dont il est question dans le *Temple du goût*, où le fils est aussi célébré et préféré à son père. Ceci me prouve que Gresset aurait besoin de quelques notes. Soyez sûr qu'il faut rétablir le vers de Gresset :

Si le mérite est grand, l'éloge en est commun.

« L'autre leçon est odieuse, et vous ne devez pas balancer à la faire disparaître sous peine de sacrilége.

« Il y a aussi un vers de passé, et un autre de changé dans votre *Lutrin vivant*, tome Ier. page 37. Je ne saurais vous indiquer le vrai texte, parce que M. Herhan, à qui je l'ai fourni dans le temps pour son Gresset stéréotype, n'a pas daigné m'en envoyer un exemplaire ; mais, si vous voulez me le procurer, je vous mettrai à portée de corriger encore cette faute dont je suis sûr.

« La goutte me tracasse et me retient douloureusement; je ne puis donc vous en dire davantage. *Zéphir* est une faute, mais la faute est de l'auteur, et il faut la laisser.

« Je vous salue très-sincèrement; excusez le griffonnage du malade.

« Le sénateur comte,

« FRANÇOIS DE NEUFCHATEAU. »

Renouard, suivant son habitude, ne manque pas d'annoter la lettre, et en regard de ces mots : *C'est le Moutier*, on lit : « Ma raison était que, le texte étant publié, la correction devenait infaisable. » Puis, en marge de l'observation de François de Neufchâteau sur les vers du *Lutrin vivant*, il ajoute : « Ce n'était pas le vrai texte, mais un vers fait pour remplir la place; ma leçon est vraie et meilleure. »

François de Neufchâteau n'indique ni le vers qui a été passé, ni celui qui a été changé : voyons ce qui en est. Le vers 44 du *Lutrin vivant* est ainsi donné par Renouard :

Ces jouvenceaux ont leur gîte ordinaire.

11

Cette version est conforme à celle qui se trouve dans les éditions de La Haye, 1735; d'Amsterdam, 1735 et 1748. L'édition de Londres, 1755, porte au contraire :

Ces jouvenceaux ont leur gîte arrêté.

Cette dernière version a été suivie par Herhan en 1802, et par Fayolle en 1803. Renouard, en s'écartant du texte fourni à Herhan par François de Neufchâteau, avait pour lui l'autorité de précédents respectables. Le vers 49 de Renouard.

Un vétéran de la communauté.

ne figure dans aucune édition, c'est « un vers fait *pour remplir la place,* » comme il l'avoue ingénument. Il fallait alors en prévenir le lecteur, et ne pas donner comme étant de Gresset un vers qui ne lui a jamais appartenu. Cette fraude littéraire est des plus blâmables. Comment Renouard peut-il écrire, sur la lettre de François de Neufchâteau : « Ma leçon est *vraie et meilleure,* » lorsque. sur cette même lettre, il mentionne que le vers en question a été fait pour remplir la place du véritable texte ? Il y a une interpolation dont lui-même convient. Que la leçon de Renouard

soit la meilleure, libre à lui de le prétendre ;
comme il en était peut-être l'auteur, il eût été
parfaitement inutile de chercher à le désabuser.

Dans la correspondance de Renouard avec
François de Neufchâteau, j'ai été frappé du silence
que l'on garde sur les manuscrits de Gresset
dont Duméril était le dépositaire. Comment se
fait-il que François de Neufchâteau, qui les a
examinés, n'en parle pas à Renouard? Dans sa
lettre du 25 mai 1811, il lui rappelle le discours de Gresset à l'Académie et ne dit pas un
mot des poésies inédites. Renouard, de son côté,
écrit à Duméril ; il lui emprunte le portrait de
Gresset et se tait sur ses manuscrits, ce qui
était bien autrement important. François de Neufchâteau avait eu très-probablement sa part des
dépouilles de de Longuerue. Voici ce que Croft
écrivait à Renouard :

« Amiens, 29 avril 1810.

« ... Moi et mes amis d'ici, nous ferons
l'impossible pour vous être utiles. En attendant.
vous verrez sans doute M. François de Neufchâteau. Il a lu, il y a trois ans environ, chez
notre préfet, ici (je n'y étais pas), quelques
pièces inédites de votre Gresset, écrites sur des
billets de mort. Un fonctionnaire de mes amis,

qui était présent et qui avait dîné deux ou
trois fois dans sa société chez le préfet, chez
qui M. François de Neufchâteau était logé, m'a
parlé, dans le temps (je m'en souviens bien),
comme si l'intention de M. François de Neufchâteau était de donner lui-même une édition de
Gresset. Il me semble trop l'ami des lettres pour
ne pas être aussi utile que possible à votre patriotisme littéraire... »

Ces pièces, écrites sur des billets de mort,
sont bien celles que Duméril avait eues; la dési-
gnation est exacte, il n'y a pas à s'y méprendre.
On est d'autant mieux fondé à croire que les
manuscrits possédés par François de Neufchâteau
provenaient de Duméril, que la même opinion
est émise par Croft dans une autre lettre qu'il
adresse à Renouard.

« .. Je n'oublie pas Gresset. Vous me devez,
s'il vous plaît, un dîner d'amitié, quand j'aurai
le bonheur de vous voir; car j'en ai déjà donné
trois ici, cherchant à vous être utile, et ils n'ont
point été donnés inutilement... Souvenez-vous, s'il
vous plaît, que j'aurai un mot important pour
votre Préface, au sujet d'une autre très-mauvaise
édition.

« M. Duméril l'aîné (frère du professeur d'histoire naturelle au Jardin des plantes, à Paris)
doit avoir des manuscrits de Gresset, si ce n'est

pas lui qui a vendu à François de Neufchâteau ce qu'il a... »

Cette phrase me paraît significative, et je crois que c'est aux héritiers de François de Neufchâteau qu'il faudrait s'adresser pour obtenir quelque révélation ; le catalogue de sa bibliothèque, que j'ai consulté, m'a donné la certitude que l'on n'a vendu, après sa mort, aucun manuscrit de notre poëte.

C'est surtout à la publication du *Parrain magnifique* que Renouard doit sa célébrité comme éditeur de Gresset. Je ne veux pas fatiguer le lecteur de la correspondance qui s'établit entre lui et Croft ; je donne seulement un extrait de deux lettres qui me paraissent offrir de l'intérêt. Dans l'une, portant la date du 12 septembre 1810, Croft annonce à Renouard qu'il s'occupe de faire copier le poëme de Gresset :

« Ayant perdu pour un temps mon secrétaire Nodier, il m'a fallu trouver un copiste ; et ce poëme seul n'étant point une bagatelle (au moins, je crois, 2,500 vers), le jeune homme aura quelque chose à faire. A la fin, je lirai la copie avec M. Jourdain, que votre élégante lettre a beaucoup touché. J'ai encore d'autres espérances pour vous, et avec ce que je vous trouverai, on ne dira pas de vous, je me flatte, comme éditeur de Gresset, ce que son Cléon dit de Géronte, ivre de son château :

Il ne vous fera pas grâce d'une laitue. »

(*Le Méchant*, acte II, scène vii.)

Le 14 septembre 1810, il lui écrit :

« Monsieur et ami,

« Voilà le laurier (c'est-à-dire deux branches
des dix) que vos mains vont planter sur la cendre
de Gresset ; mais ce laurier n'est point *planté à
compte,* et encore moins est-il *faible,* comme il
dit de son *Parrain :*

> Ce faible laurier que ma main
> Plante à compte sur votre cendre.
>
> (Ch. I, vers 136.)

« Avec un copiste, j'avais besoin d'un peu
de secret pour ne pas être enterré par les
Amiénois, et pour ne pas avoir quelque chose
vraiment à compte planté sur ma cendre. Les
habitants de cette ville académique sont si amoureux de la belle muse de leur Gresset, qu'ils ne
veulent pas la prêter, soit pour une nuit, soit
pour un jour. J'ai donc pris la liberté de promettre à mon jeune copiste, avec un exemplaire
de votre Gresset, un exemplaire de votre jolie
édition des *Pensées* de Pascal et un de ses *Pro-*

vinciales, si vous en avez imprimé une édition,
mais pas autrement. Envoyez, s'il vous plaît,
l'un ou les deux dans mon paquet. Dans huit ou
dix jours, on vous aura copié les huit autres
chants. Nous examinons la copie, M. Jourdain
et moi, soigneusement avec le manuscrit; mais,
comme il n'est pas de la main de Gresset, et
qu'il est même d'une ignorante main, votre goût
aura le droit d'imaginer des variantes. Quelques
vers m'ont paru mal copiés... »

Renouard, ainsi que je l'ai dit précédemment,
soumit le poëme à l'examen d'un homme dont
M. de Cayrol n'aurait pas contesté le talent,
Legouvé. Les critiques de ce dernier et les changements qu'il propose remplissent quarante-huit
pages; je les ai parcourues attentivement. Renouard n'a pas admis toutes les modifications qui
lui étaient proposées, et, quand il a cru de son
devoir d'en adopter, il ne les a pas signalées
par une note placée au bas de la page; de sorte
qu'en certains endroits l'auteur de *Ver-Vert* et
celui du *Mérite des femmes* se donnent la main,
sans que le public puisse soupçonner une union
aussi illégitime. Je n'ai jamais été partisan de
ces retouches littéraires, quel que fût d'ailleurs
le mérite de l'exécutant; quand le lecteur par-
court *le Parrain magnifique*, c'est la muse enjouée
de Gresset qu'il veut encore entendre dans le

lointain, et non les accords plaintifs de la lyre de Legouvé.

L'impression du *Parrain* fut une source de tribulations pour Renouard. Les parents de Gresset voulurent lui intenter un procès comme s'il avait dérobé une partie de leur patrimoine; les feuilletonistes contestèrent le mérite du poëme. L'opinion de François de Neufchâteau vaut assurément celle des écrivains de profession; n'oublions pas en quels termes il s'exprime dans sa lettre du 25 mai 1811 : « Ce poëme a été bien mal apprécié par les journalistes. Je l'ai relu deux fois avec plaisir. »

Le manuscrit autographe que je possède se compose de quatre-vingt-quatorze pages in-4°, d'une écriture très-nette; chaque chant forme un cahier parfaitement en ordre. Ce manuscrit, probablement le plus complet que l'on connaisse, a été revu par Gresset dans les dernières années de sa vie, et un grand nombre de vers sont indiqués comme devant être passés: ainsi, dans le premier chant, le poëte supprime le passage sur les importants, maintenu par Renouard, et commençant par ce vers :

Encor s'ils n'y briguoient que l'heureux avantage

et finissant par celui-ci :

De paroître à la cour dont ils sont inconnus.

La suppression de ce passage, qui contient un éloge de Louis XV, prouve évidemment que le manuscrit a été retouché postérieurement à 1774, année de la mort de ce prince. Un hémistiche biffé fait connaître à quelle époque eut lieu l'aventure qui forme le sujet du poëme. Le premier vers de l'entrée en matière est ainsi imprimé :

Au point milieu du siècle dix-huitième.

Gresset avait mis d'abord :

En l'an quarante-neuf du siècle dix-huitième.

Il est impossible de mieux préciser une date. Dans son *Essai sur Gresset* [1], M. de Cayrol avance que Croft, « d'après les instances de M. Renouard, ne se contenta pas d'opérer sur Gresset comme sur Horace, et de changer seulement les points et les virgules, mais qu'à l'aide de son spirituel collaborateur (Charles Nodier), il ne s'était fait aucun scrupule de prêter à Gresset une foule de mots, de pensées et de vers dont bien cer-

[1] Tome Iᵉʳ, page 347.

tainement ce poëte n'aurait pas eu l'idée de se
servir, s'il avait présidé lui-même à l'impression de son ouvrage. » Ces allégations sont loin
d'être exactes. Jamais Croft n'a *opéré sur Gresset,* sa
correspondance le démontre, et, quant à Charles
Nodier, il n'était plus le secrétaire de Croft à
l'époque où celui-ci faisait transcrire *le Parrain.*

Pour prendre sa revanche de commentaires
·peu bienveillants, et aussi afin de mettre à profit
le manuscrit appartenant à M. Boistel de Belloy.
dont il avait, non sans peine, obtenu une communication tardive, Renouard commença, en 1812.
la réimpression du *Parrain magnifique* « pour les
expéditions en licence pour l'Angleterre; mais
toutes les feuilles, dit-il, sont restées dans l'eau à
moitié chemin entre le rivage français et celui de
la Grande-Bretagne. » Renouard s'exprime un peu
à la manière des oracles sibyllins, et il aurait bien
dû nous donner la clef des énigmes, parfois assez
obscures, dont il charge la marge de ses exemplaires. D'après son dire, il n'y aurait eu de
sauvé qu'un exemplaire des cinq premières feuilles
qu'il aurait ramassé parmi les épreuves de l'atelier
typographique; on lit, de sa main, sur le faux
titre de cet exemplaire qui fait partie de ma collection: « Les cinq premières feuilles sont ici
réimprimées avec quelques bonnes corrections .
mais beaucoup de fautes typographiques qu'on

ne prit guère la peine de faire disparaître, vu
l'emploi auquel était destiné ce second tirage,
dont pas un seul exemplaire n'a été mis en circulation, tous ayant été détruits, hormis ce seul
exemplaire. » Je puis, en toute sécurité, me flatter
de posséder un livre unique.

Renouard pouvait-il se douter que les peines
qu'il se donnait pour améliorer *le Parrain* lui seraient reprochées avec amertume, et que, trente
ans après l'impression du poëme, M. de Cayrol
lui ferait une guerre impitoyable. Il y a d'excel-
lentes choses dans l'ouvrage de ce critique, et
il serait à désirer que les biographes se livras-
sent à des investigations aussi consciencieuses que
les siennes; malheureusement, à force de vouloir
tout expliquer, M. de Cayrol se laisse entraîner
à des suppositions peu fondées, et se plaît à for-
mer des conjectures auxquelles son imagination
a trop de part. A la page 345, tome Ier de son
Essai, on lit : « A cette époque (1810) un manuscrit du *Parrain,* qui n'était pas de la main
de Gresset, fut communiqué à M. Croft, et ce
savant s'empressa de s'adjoindre plusieurs copistes, qui se partagèrent les feuilles du manuscrit,
de manière qu'en une nuit il fut transcrit et
expédié de suite à M. Renouard ; ainsi, ce don de
l'amitié était tout simplement le produit d'une
infidélité. »

Je regrette de le dire, ces assertions, comme beaucoup d'autres que j'ai dû relever, sont complétement erronées: la correspondance de Croft avec Renouard donne à M. de Cayrol un démenti formel. Il n'y avait pas *plusieurs copistes,* mais un seul ; la copie n'a pas été faite *en une nuit,* tant s'en faut; on commence par envoyer les deux premiers chants à Renouard, et on lui promet les autres dans huit ou dix jours : la lettre du 14 septembre 1810 est positive et détruit ce qu'avance l'historien de Gresset. Veut-on de nouvelles preuves ? Le 16 septembre suivant, Croft écrit à Renouard : « ... La diligence a emporté pour vous hier les chants Ier et II du *Parrain magnifique,* et, aussitôt cette lettre finie, nous continuerons pour vous, le bon M. Jourdain et moi, nos recherches... » Le 22 septembre il lui mande : « ... M. Jourdain vous portera, la semaine prochaine, les deux derniers chants du *Parrain.* Avant de partir, il tâchera, avec mes autres amis, de vous procurer d'autres manuscrits... » M. de Cayrol aurait dû être plus circonspect et ne pas articuler, aussi légèrement qu'il l'a fait, des reproches d'infidélité, de larcin, pour dire le mot.

Croft, dont le témoignage nous a été d'un si grand secours, demeurait à Amiens, rue Gloriette, avec lady Hamilton, auteur d'un roman intitulé *Popoli;* Charles Nodier fut quelque temps son secrétaire. Croft faisait de fréquents voyages à Paris, où il dépensait au delà de ses moyens; puis, quand ses ressources étaient épuisées, il revenait philosophiquement à Amiens faire des économies et s'occuper de littérature. C'était un homme d'une affabilité parfaite, d'une obligeance rare et fort instruit; il lui prit un jour la fantaisie de composer un poëme sur la violette, et, sur un sujet aussi futile, il improvisa près de deux mille vers. Renouard lui dut le *Parrain magnifique*.

Connaissant le pouvoir de la bonne chère, Croft tint table ouverte, et ses dîners contribuèrent beaucoup au succès de ses négociations littéraires. Que l'impression du *Parrain* ait été *simplement une spéculation de librairie*, comme l'affirme M. de Cayrol [1], cela est possible; mais cette fois le public a profité de la spéculation, et il aurait mauvaise grâce de récriminer contre celui qui a augmenté ses jouissances. « Si le *Parrain* n'ajoute pas à la réputation de l'auteur de *Ver-Vert* et du *Méchant*, dit Renouard, au moins, on peut être certain qu'il ne la flétrira pas, et que les partisans du bon goût, de la saine littérature ne la reprocheront pas à l'éditeur comme une révélation indiscrète. » C'était aussi l'avis de François de Neufchâteau, et il n'est pas à dédaigner. La réimpression du *Parrain*, d'après le texte qui

---

[1] *Essai sur Gresset*, tome Ier, page 358.

m'appartient, ne pourrait que confirmer l'opinion
émise par cet académicien et augmenter le nombre des défenseurs du poëme; quelques variantes
du manuscrit de M. de Belloy trouveraient convenablement leur place dans une nouvelle édition
et contribueraient à en assurer le succès.

Renouard s'était adressé également à M. de
Belloy pour avoir une copie du *Gazetin*, et, de
ce côté encore, il avait été repoussé avec perte.
« ... Il ne m'est pas possible d'accéder à la demande que vous me faites, lui répondait-on;
le petit poëme du *Gazetin*, que vous désirez.
n'est point ma propriété, mais celle de la famille
Gresset. D'ailleurs, cet opuscule est loin d'avoir
le degré de perfection qui serait nécessaire pour
que l'on pût le livrer à l'impression... Amiens,
6 mai 1811. » Depuis, M. de Cayrol fut plus heureux, et, dans son *Essai historique*, il a inséré de
longs extraits de cet ouvrage.

Il me reste à dire quelques mots d'un travail
de Gresset dont je n'ai trouvé aucune trace dans
les papiers découverts par de Longuerue et dans
ceux possédés longtemps par les jésuites.

MANUSCRITS

DE GRESSET

PROVENANT DE RENOUARD

———

Renouard, si maltraité par M. de Cayrol,
n'était pas un libraire vulgaire, un misérable
spéculateur profitant d'une action déloyale, comme
le prétend son détracteur ; c'était un érudit, un
digne émule des Aldes et des Estiennes dont il
s'est fait l'historien ; sa magnifique bibliothèque,
conservée longtemps dans l'ancienne abbaye de
Saint-Valery-sur-Somme , témoignait à la fois
des connaissances du bibliophile et du goût du
littérateur. Renouard possédait divers manuscrits de Gresset qui suivirent le sort de ses livres,
et furent mis en vente après sa mort, arrivée le
15 décembre 1853 [1].

[1] La vente de la bibliothèque de Renouard produisit 204,000 francs. Les
autographes furent vendus séparément et rapportèrent 6,500 francs.

La Bibliothèque impériale acheta le manuscrit du discours prononcé par Gresset comme directeur de l'Académie française et un fragment du *Gazetin* contenant soixante vers. Plusieurs copies de vers et l'original des *Esprits follets*, comédie en cinq actes et en prose, représentée, en 1734, par les élèves du collége de Rouen, furent adjugés à M. de Cayrol. Cette comédie, aujourd'hui en ma possession, n'était pas destinée à franchir le seuil du collége; elle est précédée d'un prologue en vers et suivie d'un *Compliment au Parlement de Normandie avant la distribution des prix*. Le poëte dit, en terminant :

> Autrefois des beaux vers ce séjour fut l'asile :
> Ne verra-t-on plus ces beaux jours?
> Dans une mollesse stérile,
> Les esprits assoupis languiront-ils toujours ?
>
> Ranimez les savantes veilles
> Des Malherbes et des Corneilles,
> Ils attendent des successeurs ;
> Vous les devez à la patrie,
> Et, dans ce siècle obscur, l'espoir de la Neustrie
> Est fondé tout entier sur vos talents vainqueurs.

L'année même où Gresset s'amusait à rimer pour une distribution de prix, *Ver-Vert* s'échappait du collége et volait à l'immortalité.

La partie la plus importante des manuscrits de Gresset appartenant à Renouard consistait en deux volumes in-4° renfermant des observations et des corrections sur le poëme de *l'Agriculture*, de Rosset [1]. Ces deux volumes prirent place dans ma collection. On est confondu de voir l'auteur du *Méchant* se prêter à un travail de révision digne d'un régent de collége. Gresset ne peut s'empêcher d'exhaler son désespoir d'être astreint à une pareille besogne, et, dès le deuxième chant, la patience lui échappe. « Oh ! c'est bien la mort lente que des remplacements à faire dans l'ouvrage d'autrui, et surtout des remplacements en vers, où le terrain est donné sans faire grâce d'un pouce ; où il faut, attaché à son pénible sillon, suivre humblement vers pour vers, toujours marcher sur les pas d'autrui, et vouloir inutilement prendre l'essor au milieu des entraves dont on est garrotté ; quand un vers est à refondre, au lieu d'un cette maudite rime en donne deux à faire... Enfin, on n'imagine pas qu'il soit possible, en aucun genre d'ouvrage, d'avoir une tâche plus lente à remplir que celle de travailler, de petit commissaire [2], à la discussion d'une sem-

---

[1] *L'Agriculture*, poëme par Rosset. Paris, Imprim. Royale, 1774, in-4°.

[2] Auprès des parlements avait lieu une procédure particulière qui était nommée *procès par commissaires*, grands ou petits. De longues et minutieuses affaires de comptes, des points de discussion sur les distributions de sommes provenant de vente d'immeubles, des demandes en dommages

13

blable affaire... » Gresset pouvait-il penser, lorsqu'il proférait cette imprécation, que l'on agirait
de même à son égard, et qu'un jour Legouvé serait chargé de faire, pour *le Parrain magnifique*, un
travail analogue à celui qu'il exécutait pour *l'Agriculture?* M. de Cayrol a donné un extrait des corrections de Gresset[1], mais il n'avait pas le manuscrit sous les yeux, et, en beaucoup d'endroits.
ses citations sont tronquées. Le poëme de Rosset
est presque oublié, et je protesterais vainement
contre l'arrêt du public qui a traité cette production avec une rigueur extrême; plus d'un aris-
tarque en eût décidé autrement, s'il se fût douté
que parmi les vers qu'il critiquait, il s'en trouve
qui émanent d'un de nos meilleurs poëtes.

Dans la Vie de Gresset, placée en tête de son
édition, Renouard donne des renseignements assez
piquants sur la manière dont se faisaient les rectifications qu'exigeait l'œuvre de Rosset; il est
revenu sur le même sujet dans son *Catalogue de la
bibliohtèque d'un amateur :* je ne puis mieux faire
que de le citer textuellement.

« M. de Rosset, poëte plus médiocre encore

---

et intérêts, et autres semblables, où il y avait de nombreux titres et beaucoup de preuves à examiner, étaient conduits comme le procès et jugés par
des commissaires pris parmi les membres du parlement.

(DESMAZE, *le Parlement de Paris.*)

[1] *Essai historique sur Gresset*, tome II, page 84.

qu'il n'étoit digne magistrat, avoit achevé son poëme sur *l'Agriculture*, lui préparoit des gravures magnifiques, et désiroit que l'édition en fût exécutée, avec grand luxe, à l'Imprimerie Royale. M. Bertin, alors ministre, et que sa bienveillance pour l'auteur n'empêchoit pas d'apercevoir la médiocrité de l'ouvrage, voulut qu'au moins il ne parût qu'après avoir été purgé de ses plus choquantes imperfections. Pour cette tâche ingrate et difficile, il jeta les yeux sur Gresset et proposa au président de faire revoir ses vers par un ami de beaucoup de goût, vivant en province et surtout fort discret. Rosset ne put se défendre d'accepter la proposition, et le poëme, envoyé en manuscrit à Gresset, revint ensuite, chant par chant, avec de nombreuses et surtout un peu dures observations. Pour ménager la sensibilité du poëte, M. Bertin faisoit faire de ces notes une copie extrêmement adoucie, et cette copie étoit communiquée à l'auteur qui réfutoit intrépidement presque toutes les objections, se défendoit pied à pied contre le critique, et, parfois, avec assez de raison. Ce plaidoyer par écrit revenoit à M. Bertin, qui revoyoit les critiques et contre-critiques, et quelquefois ajoutoit des vers de sa façon, qui ne sont pas les plus mauvais du poëme. Toute cette polémique dormit ensuite dans le cabinet de M. Bertin, d'où elle ne sortit qu'après sa mort; et, l'ayant achetée dans une vente publique, je l'ai mise en ordre, en quatre volumes, deux in-4° en entier de la main de Gresset, et deux autres contenant les copies de ses critiques, avec les répliques de M. Rosset et les jugements de M. Bertin.

« Si j'étois de toute autre nation, ou si j'écrivois pour d'autres que pour des François, il me seroit aisé d'extraire, de toute cette controverse, au moins un raisonnable volume de critiques, de discussions apologétiques, de traits malins lancés par Gresset contre ce pauvre poëme, et mon volume vaudroit autant que bien d'autres *Miscellanea;* mais en France on ne goûteroit pas grandement un tel ouvrage. Je n'ai pas la prétention de dire que nos livres valent mieux que ceux de nos voisins, mais nous n'endurons pas volontiers qu'on nous ennuie, et combien de savantes dissertations étrangères, de recueils philologiques n'ont guère produit d'autre résultat!

« La discrétion de Gresset a été complète; si ces cahiers eussent péri chez M. Bertin, jamais on n'auroit su qu'il avoit eu la délicate et périlleuse commission de critiquer et corriger l'œuvre d'un poëte vivant. »

Je ferai mon profit des réflexions de Renouard, et je ne suivrai pas Gresset dans ses nombreuses observations littéraires et agronomiques : un vo-

lume y suffirait à peine. Le correcteur anonyme
déploie une variété de connaissances qu'on ne
soupçonne guère ; il raisonne sur les engrais, sur
les labours, sur les soins à donner au blé en
véritable cultivateur; ses notions en histoire naturelle sont étendues, et sa critique est autant
celle d'un savant et d'un agronome que d'un
membre de l'Académie française. Si une société
d'agriculture jugeait convenable de faire réim-
primer l'ouvrage de Rosset, je me ferais un plaisir
de mettre à sa disposition les matériaux que je
possède.

J'ai adopté, dans le classement des pièces
qu'on va lire, l'ordre chronologique, sans prétendre cependant avoir évité tout anachronisme,
car souvent les renseignements m'ont fait défaut.
Afin d'épargner le temps du lecteur, j'ai indiqué
au bas de chaque pièce quelle est son origine.
La lettre L désigne les pièces découvertes par de
Longuerue ; le J, celles qui proviennent des jésuites : les pièces ayant appartenu à Renouard sont
sans indication de source. La réunion de ces
pièces, au nombre de vingt, embrasse presque
toute la carrière littéraire de Gresset : la première date de 1733 et la dernière nous conduit à
1772 : quelques-unes ont été transcrites avec un
soin extrême; il n'y manque rien, pas même une
virgule ; cette correction minutieuse est une preuve

certaine que l'auteur n'avait plus à les revoir.

Une édition complète des œuvres de Gresset est désirée depuis longtemps; le critique intelligent qui y consacrera ses veilles, uni désormais par des liens indissolubles à notre premier poëte, est certain de passer avec lui à la postérité. Je fais des vœux pour que les habitants d'Amiens ne laissent pas un étranger se charger de cette mission honorable; puissent-ils, dans le généreux élan de leur patriotisme, trouver des inspirations dignes du génie dont les vers harmonieux font le plus beau fleuron de leur couronne poétique. Que le nom de Gresset serve d'égide à celui qui, resté son fidèle admirateur, ose se rendre aujourd'hui son modeste interprète!

Vᵗᵉ DE BEAUVILLÉ.

Montdidier, 1863.

POÉSIES

DE GRESSET

POÉSIES

INÉDITES

DE GRESSET

I.

VOYAGE A ROUEN.

Lettre envoyée à Chocqueuse [1].

En quittant ces bois pleins de charmes,
Un jour auparavant égayés par nos ris,
Mais fraîchement arrosés de nos larmes,
Je suivois lentement des sentiers moins fleuris,
Accompagné des Regrets, des Alarmes,
Abandonné des Jeux, de ces dieux vifs et doux
Accoutumés à rester près de vous ;
Frappé d'une humeur léthargique,
Confident de mon tendre cœur,
Mon esprit se livroit à la même douleur ;
Et l'allure mélancolique

---

[1] Chocqueuse, canton de Crèvecœur (Oise).

14

De ma monture apoplectique,
Par sa lourdeur plus diabolique
Qu'une monture séraphique,
Redoubloit encor ma langueur;
Quand la Muse vive et volage
A qui dom Vairvert (*sic*) doit le jour,
Sortant apparemment des forêts d'alentour,
S'offrit à faire avec moi le voyage
Pour distraire mon goût sauvage
Et pour consoler mon amour.

J'eus peine d'abord à y consentir : dans la tristesse, toute compagnie est importune; les vrais ennuis ne veulent pas de témoins, ils se plaisent dans les rêveries solitaires. Je pensois ainsi, et, refusant de songer aux vers, je ne voulois songer qu'à la peine de notre séparation, quand une histoire picarde, racontée niaisement par mon guide Frémin, déconcerta toute la gravité dont le chagrin de vous quitter avoit chargé mon front; mon sérieux s'étant ainsi envolé, j'eus beau faire, il me fut impossible de le rattraper. Après tout, cette perte n'étoit pas si grande, c'est bien s'attrister gratis que d'intéresser sa sensibilité dans une privation qui ne doit pas être de longue durée; je changeai donc de décoration, et, quittant le parement noir, je consentis que la Muse pèlerine me suivroit en croupe, mais incognito. Frémin n'en a rien vu; elle me suivoit en cape et cachée

Sous une de ces gazes fines
Dont s'enveloppoient autrefois
Les Milédis des demeures divines
Pour venir folâtrer au pays des Grégeois.

Le chemin commença à me sembler beaucoup plus court avec une jeune compagne; en nous entretenant agréablement, j'arrivai

> Dans un village mal bâti
> Qui prend insolemment le grand nom de Marseille[1] :
> Pour un méchant vide-bouteille
> En vérité c'est être bien hardi ;
> Mais par hasard, ce même samedi
> Étoit jour de grand'foire en ce pays bizarre,
> Frémin me l'annonçoit comme un spectacle rare,
> Où l'on venoit de vingt cantons :
> Je vins, je vis trois ânes, cinq moutons
> Et deux haillons de toile grise :
> C'étoit toute la marchandise ;
> Je vis se carrer trois manants,
> Et c'étoit là tous les marchands.
> Chemin faisant, j'appris que cette foire
> Se tenoit pour saint Luc : moi qui, comme on peut croire,
> A ce saint trop pressé n'ai point dévotion,
> (Bien en savez la raison)
> Je piquai, sans tarder, ma lente haridelle,
> Et maudissant à pleine voix
> Le dix-huitième de ce mois,
> J'entrai, pour la première fois,
> Au petit bourg de la Chapelle[2].

Là, je fis ma première halte, dans une façon d'auberge, où un torrent de soupe à l'oignon rassembloit autour d'une étroite et longue table sans nappe les considérables du village.

---

[1] Marseille, chef-lieu de canton (Oise).
[2] La Chapelle-sous-Gerberoi (Oise).

Ma subite apparition
Rompit, *ipso facto,* la conversation.
Mon domino donna bien de la tablature :
Tous, se parlant tout bas, sembloient à la torture
Pour savoir qui j'étois : Pargué, j'en suis certain,
    Oui, disoit l'un, c'est un Bénédictin;
    Non, disoit l'autre, et c'est un Grammontin;
Vous en avez menti, c'est un Génovéfain,
Répondoit un troisième, ou bien un Bernardin.
    Moi, très-fâché de passer pour un moine,
    Moi qui veux chaque jour, jusques à mon trépas,
        Bénir Dieu de ne l'être pas,
Consentant un peu plus à passer pour chanoine,
Je débridai mon froc : tous ouvrirent les yeux
Plus grands qu'auparavant, et, ce n'est point un conte,
Ils me virent ainsi sans me connoître mieux;
        A l'heure que je le raconte,
    Je suis encore une énigme pour eux.

Sans avoir soufflé mot aucun, plantant là toute l'assis-
tance, quand ma haquenée eut diné, et que j'eus avalé
sans appétit

Deux vieux œufs, jadis frais, avec une mouillette,
        La portion d'une nonnette;
Par faute d'autre vin que celui de Beauvais,
        Que j'aime autant que du vinaigre,
        Je sablai deux coups de cidre aigre,
        Après quoi, d'un cœur plus allègre,
Je partis de ce lieu pour n'y dîner jamais.
De là, vers Gerberoi[1], trottant sans faire pause,
        Je ne rencontrai pas grand'chose

---

[1] Gerberoi, canton de Songeons (Oise).

Digne de vos réflexions,
Si ce n'est seulement (soit dit sans qu'on en glose)
Un noviciat de dindons.
Je quittai sans regret ce lugubre spectacle
Pour avancer vers Gerberoi.
Selon les habitants, c'est un bourg; selon moi,
Ce n'est qu'un gros village, au reste réceptacle
De gripeurs, soi-disant tous conseillers du roi,
C'est-à-dire de gens d'affaires,
De petits procureurs, sergents secs, vieux notaires,
Conseillers que le roi jamais ne consulta
Et que jamais sans doute il ne consultera.
De cette infernale demeure
M'étant promptement détourné,
A peu près vers la cinquième heure,
Tout en rimant je me vis enfourné
Au lieu de mon souper, je veux dire à Gournay.

Comme j'avois du temps de reste, en descendant de
cheval j'allai me promener sur la place, où je vis en pelo-
ton tous les gazetiers, les fortes têtes, les beaux esprits
et les capables du lieu. Sous je ne sais plus quel prétexte
j'enfilai la conversation avec eux, pour me donner l'amu-
sement d'entendre leurs politiques originales; je n'ai jamais entendu un pot-pourri plus drôle, ni des coq-à-l'âne
plus complets, ni des mots plus nouveaux.

Les uns disoient que le roi *Tanisras*
Jamais des *Poronois* ne deviendroit le maître,
Quoique la *Czarienne* avec le *Chat Thamas*
Au trône voulût le remettre;
Non, disoit un notable, il ne le sera pas,

> *Malgré que l'Érecteur de Sasque*
> Batte le tambour comme un Basque
> Pour contraindre les *Palantins*
> A suivre *Tanisras* sans faire les mutins.
> Les autres soutenoient que bientôt de *Poronne*
> *Tanisras* auroit la *corone*
> Malgré les efforts des Génois
> Et la révolte des Chinois,
> Disant que notre flotte, entre la mer *Baltrique*
> Et les portes de l'Amérique,
> Viendroit par terre attaquer les Anglois;
> Que les desseins de Vienne auroient un sort funeste,
> Et que le diable emporteroit le reste.
> Fatigué de leurs sots discours
> Et de leur bêtise profonde,
> En espèces de même cours,
> Avant de les quitter, je payai tout mon monde :
> Je leur dis que le Turc se faisoit Capucin,
> Et que le *Dogue* de Venise,
> Dans un vaisseau de maroquin,
> Étoit allé relever sans remise
> La grande arche du pont Euxin
> Qu'avoit rompue un vent de bise,
> Le jour de *Saint-Fiacre-ès-Liens,*
> Tandis que les Saints-Jeans d'Amiens
> Passoient le soir sur ce pont même
> Pour revenir souper dans Angoulême.

Après les avoir accablés sous cette décharge effroyable de nouvelles étonnantes, je revins au gîte, où, après un souper de jour maigre, je me couchai entre deux draps d'une blancheur problématique et d'une propreté équivoque.

Là, remettant au lendemain
Le second tome du voyage,
Sans m'amuser à rimer davantage
Je m'endormis jusqu'au matin.
L'Aurore ensevelie aux liquides demeures
Ne songeoit point encore à réveiller les Heures...
C'est-à-dire, en deux mots, pour parler plus chrétien,
Sans emprunter le ton virgilien,
A peine il étoit jour que, troublant ma cervelle,
Le clairon de Frémin sonna le boute-selle ;
Je me levai sans barguigner,
Et m'étant muni par avance
D'une messe et d'un déjeuner,
Je repartis en diligence.
C'est en quittant Gournay que déjà l'on commence
A sentir insensiblement
La totale différence
Du bon pays picard et du climat normand ;
La candeur, la franchise et la douce innocence
Ne suivent pas plus loin, et tandis qu'on avance,
Ces vertus, de notre air sentant le changement,
Se tiennent dans l'éloignement.

Dès que j'eus quitté cette villette mi-picarde et mi-
normande, une envie enragée de plaider ou de *témoigner*
au moins, me saisit sur-le-champ. Là tout l'accent change :
nouvelle langue, nouveau style ; les yeux commencent à
être plus fripons, les becs plus affilés, les ongles d'une
tournure plus crochue ; là on se sent naître un vrai regret
de n'être plus dans le pays de la loyauté, que l'on vient
de quitter. Il fallut pourtant avancer malgré moi dans de
tristes chemins percés à travers des bois éternels,

> Non de ces bois tendres et solitaires
>> Où l'on rêve agréablement ;
> Non des bois tels que sont ou Moselle ou Bruïères [1],
>> Séjour gracieux et riant,
>> Séjour que la politesse
>> De son aimable maîtresse [2]
>> Rendra toujours charmant.
> Mais j'entrai dans des bois affreux, épouvantables,
>> Des ravines abominables,
>> Des coupe-gorge effroyables ;
>> Dans de ténébreuses forêts
> Où les lutins, spectres et farfadets,
>> Chaque nuit avec tous les diables,
>> Tiennent dans d'horribles sabbats
>> Des conciles détestables
>> Auxquels je n'appellerai pas.

Si par hasard je sortois un peu du fond des arbres, c'étoit pour me trouver dans des routes nues et désertes, sans hameaux, sans la moindre maison. Jugez quel étoit mon ennui, surtout quand je me rappelois, là, les belles routes de Touraine et les charmantes vues de Tours. Ce seroit ici l'endroit d'exprimer mes regrets sur ce séjour délicieux trop tard connu, trop tôt quitté ; mais l'impatience de Frémin qui veut repartir rengaînera mon compliment. Il vous dira qu'après avoir fait la valeur de quinze lieues (quoiqu'on n'en compte que dix), nous n'arrivâmes à Rouen qu'au clair de la lune. Comme je n'ai point eu le

---

[1] Le bois Moselle ou des Demoiselles dépendait de la commune de Chocqueuse, et le bois Bruïères était situé en partie sur Conteville et en partie sur Chocqueuse ; tous deux sont défrichés.

[2] Mme Lecaron de Chocqueuse.

temps de reconnoître le pays, je ne vous en dirai rien
encore; cependant il me semble que je m'y ennuie déjà. Je
tâcherai pourtant de ne point vous prévenir contre cette
ville, afin que vous ne manquiez pas au rendez-vous promis,
ni l'aimable Parisienne, ni le joyeux curé de Conteville[1]

> Qui mériteroit bien un meilleur évêché;
> S'il me manquoit, ce seroit gros péché.

Voilà bien du barbouillage. Je n'ai point le temps de
relire ni de corriger; ne montrez ces bagatelles qu'à peu
de mes amis; s'il se peut même, ne les montrez à personne. Frémin pourra vous dire que je les griffonnois en
chemin sur mes tablettes; il ouvroit des yeux comme des
salières, étant étonné de voir écrire à cheval. Ne me ren-
voyez pas l'an prochain cette veuve de Rossinante, si vous
m'envoyez une monture de l'endroit où vous êtes. Je vous
souhaite toujours beaucoup de santé et de douce joie aussi
bien qu'à mon cher père que je salue très-humblement.
Mille compliments, je vous prie, à notre vénérable abbé
très-digne diacre de notre grande messe. Quand je songe
à l'émule *Tuniquifistibulé*, de la petite chape, je pâme de
rire. Voilà tout. Ayez la bonté, ma très-chère mère, de
m'écrire incessamment la réception de ces papiers. Je n'en
ai point d'exemplaire ni de brouillon.

J'ai l'honneur d'être très-respectueusement, ma très-

---

[1] Il se nommait Hennebert. Gresset parle encore du curé de Conteville
dans une lettre adressée à sa mère le 18 novembre 1734 et rapportée par
M. de Cayrol dans son *Essai historique*, tome Ier, page 62. Conteville fait
partie du canton de Crèvecœur et touche à Chocqueuse; c'est de cette dernière commune que Gresset partit pour se rendre à Rouen.

chère mère, votre très-humble et très-obéissant serviteur
et fils.

A Rouen, 19 octobre 1733.

J'ai payé ici la nuit du cheval et la dépense de Frémin,
dont je suis très-content.

[J.]

II.

AU CHEVALIER CHAUVELIN[1].

14 [juillet 1734], dans le désert.

J'apprends votre malheur et votre gloire, mon pauvre ami; cette chienne d'Italie vous sera donc toujours et funeste et glorieuse.

> Du coup qui, dans ce lit tranquille,
> Vous retient captif aujourd'hui,
> Désespéré d'être immobile
> Entre les fraters et l'ennui,
> La cause n'est pas difficile.
> Celui qui combat comme Achille
> Devoit être atteint comme lui ;
> Mais il est une différence
> Dans ce sort égal des combats,
> Heureusement pour moi, pour vous et pour la France :
> C'est qu'Achille en mourut, et vous n'en mourrez pas.

[L.]

[1] François-Claude Chauvelin, capitaine dans le régiment du Roi-infanterie, blessé à la bataille de Parme, le 29 juin 1734 ; il fut depuis lieutenant général et ambassadeur à Turin.

III.

Ma très-chère mère,

Enfin, enfin voici le mois d'août arrivé! Je croyois que
ce vilain mois de juillet ne finiroit point; nous en voilà
pourtant quittes, et l'aloyau va tourner. Marquet vous
arrive aujourd'hui, c'est mon fourrier; je l'ai chargé de
vous dire tout ce que je pourrois vous écrire aujourd'hui,
ainsi je ne me répéterai point; seulement si vous vous
apercevez qu'il passe ses pouvoirs, et qu'il vous dise ce
que je n'écrirois point, n'allez pas vous aviser de le croire;
ce jeune seigneur-là, parmi vingt mille talents, a surtout
celui de friser merveilleusement bien la vérité. Quand Dieu
distribua les charges différentes, il ne chargea point Marquet de dire vrai; ainsi ne le croyez pas : 1° quand il vous
dira que... 2° quand il vous dira que... 3° quand il vous
dira que... 4° quand il vous dira que, etc., ou, par une pré-
caution plus courte et plus aisée, ne le croyez point du tout,
excepté quand il vous dira qu'il a envie de manger ou de
dormir, car dans ce genre-là je ne l'ai jamais trouvé en
défaut; il est fort véridique sur ces deux chapitres et va

toujours au delà de ce qu'il assure. Pour tout le reste, c'est
le plus intrépide menteur du jour, le chancelier et Bou-
zinski ne lui viennent pas à mi-jambe : Thérèse elle-même,
la menteuse Thérèse[1], ne fait que des mensonges pygmées
auprès de ceux du susdit. Je parie qu'il ne manquera pas
de vous dire qu'il m'a toujours cédé le pas là-dessus, mais
je sais qu'en croire, et vous aussi; surtout regardez bien
comme faussetés avérées tout ce qu'il vous imaginera sur
mes courses prochaines; je partirai le plus tôt et le plus
en droite ligne qu'il me sera possible.

> Préparez-vous, Frémin, mon éternel Mercure,
>   Mettez vos ailes au talon,
> C'est-à-dire, armez-vous de vos guêtres de bure
>   Et du redoutable bâton ;
> Garnison des hameaux, dogues, doguins, doguines,
> Bassets, barbets, roquets, et mâtins et mâtines,
> Tremblez, hurlez, fuyez; l'implacable Frémin,
> Frémin votre bourreau, va se mettre en chemin.
>
> Vieux hôtes campagnards de vingt borgnes tavernes,
> Des temples de Bacchus sacristains subalternes,
> Allez, partez, volez, tirez de mauvais vin ;
> Quel qu'il soit, il sera toujours bon pour Frémin.
>   Et vous, bergères basanées,
>   Non moins tendres que vos brebis ;
>   Vous, potagères Dulcinées,
>   Moissonneuses, noires Philis,
> Apprêtez-vous ; Frémin, dès la naissante aurore,
>   Recommençant bientôt son cours,
>   Saura vous décocher encore
> Quelque vieux quolibet de ses vieilles amours.

[1] Mᵐᵉ de Toulle, sa sœur.

Badinerie et rimes à part, j'ai trop d'obligation à mon héros Frémin pour ne lui point faire la galanterie de le peindre : ce seroit priver d'un trop joli portrait Messieurs de la postérité.

Vingt-cinq cheveux collés sur un crâne pointu;
Un front étroit et gris; deux yeux en sépulture
Du monde retirés dans leur caverne obscure;
      Un nez passablement tortu,
D'où, de fondation, fut toujours suspendue
      Une roupie assidue
Qu'il vous souffle au minois sitôt qu'il éternue;
      Une bouche de deux arpents
      Où, loin du siècle et du danger des vents,
Vit en beauté cachée, en sainte solitaire,
      Une dent sexagénaire
Jadis ferme, gentille, et blanche dans son temps;
      Un menton perpendiculaire,
      Tout le museau de couleur d'écureuil;
Une taille allongée en filet de chevreuil;
      Deux jambes d'oison sauvage,
      Le tout planté sur deux longs pieds rentrants,
Du dehors de Frémin telle est l'aimable image.
      Voici l'image du dedans :
      Né sous un astre favorable,
Frémin reçut du ciel un fonds tout admirable;
Comme le vieux Guillot il eût été docteur,
Chimiste, géomètre, algébriste, rhéteur,
      Scaramouche et prédicateur,
S'il eût été trouvé digne d'être capable :
      Mais négligé dans son enfance,
Il ne cultiva point les célestes présents.
      Voici, malgré la négligence,
      Ce qui reste de ses talents;

Sans avoir rien appris, Frémin sait... il sait boire,
  Il sait ronfler en aile de moulin,
 Il sait quelle heure il est, il sait chaque chemin,
 Il sait cent un proverbe, il sait cent une histoire,
    Il sait... enfin que ne sait pas Frémin ?

Je n'ai guère fait dans ma vie d'éloge plus sincère; je suis très-fâché que le peu de loisir que j'ai m'oblige d'écourter ainsi les louanges du plus rare corps du monde. Je lui devois ce glorieux témoignage, pour m'avoir infiniment diverti par ses naïvetés dans mes pèlerinages; je compte bien qu'il me ramènera à Paris :

Et vous qui, sans honneur, rampez ensevelies
Dans cet angle poudreux de mon obscur séjour,
    Confidentes toujours unies
    De mes errantes rêveries,
O bottes, mes amours, mes compagnes chéries,
Consolez-vous : bientôt vous reverrez le jour ;
    Et dans votre beauté première,
    D'une plus noble poussière
    Fendant les vastes tourbillons,
Vous foulerez encor le tendre émail des plaines,
    Les violettes des fontaines,
    Et la fougère des vallons.

Brûlez tout ce chiffon, griffonné en poste et presque d'un trait de plume; vous voudrez bien, ma très-chère mère, que je dise un mot à une certaine aimable babillarde à qui je dois une réponse ou deux. (Suivent quelques lignes à sa sœur, en picard.)

Je ne puis répondre que demain au sieur Fleuriau. Mes respects très-humbles à mon cher père et à tout le

monde, je suis trop pressé pour nommer chacun en détail,
mais je n'oublie et je n'excepte personne. Que Marquet
m'écrive avant de quitter Amiens, qu'il se rappelle bien
tous les articles de sa commission, je ferai jeudi ses compliments à Mlle La Jolivière. Bonjour... Le P. Delattre ne
répond point à mes quatre dernières pages. Voilà un vilain
homme. Mande-moi quel dimanche se feront les énigmes.

[J.]

I V.

A M. DE TRESSAN.

SUR LA MORT DE BUSSY-RABUTIN.

Dans cette douce léthargie
Qui nous délasse des plaisirs,
Au sortir d'une aimable orgie
Je dormois dans le sein des tendres souvenirs.
Nous venions de parler de ce génie aimable,
De ce Mécène de nos jours [1],
Qu'en ce dernier automne un sort impitoyable
Vint enlever à nos amours,
Et dont la mémoire immortelle
De nos plaisirs est le modèle
Et le charme de nos discours.
. . . .
Mon âme s'envoloit vers lui.
Éclairé des rayons d'une divine ivresse,
Je vis du haut des cieux descendre une déesse
Qui, dans ses regards ingénus,
Portoit les traits de la sagesse
Et le sourire de Vénus.
A ce mélange qui m'enchante,

[1] Bussy-Rabutin, évêque de Luçon, mort le 3 novembre 1736.

16

Je reconnus bientôt cette nymphe charmante
A qui pour peu d'humain j'aurois sacrifié,
    Cette divinité suprême
    Sans qui l'Amour n'est rien lui-même :
    Je reconnus l'Amitié.

Selon le code ordinaire des conteurs, je ne décris point sa parure, sa couronne, tout son habillement; elle étoit belle, non de cette beauté muette qui est celle des statues; elle me rapportoit cette même lyre que je croyois suspendue pour toujours aux cyprès d'un tombeau.

Non, me dit-elle,

    Que dans le deuil et les ténèbres
On donne aux autres morts de lamentables sons :
L'ombre d'un sage heureux, pour oraisons funèbres,
    Ne veut que d'aimables chansons.
Viens, pars, vole avec moi; celui que tu regrettes,
Par ses tons enjoués ranimera tes airs.
Viens connoître des dieux les tranquilles retraites,
    Et va redire à l'univers
Que toutes les beautés, tous les sages aimables
    Qui, dans les terrestres lieux,
    Furent les heureux véritables,
Au delà du trépas sont encor les heureux
    Et les déesses et les dieux.

Enlevé à l'instant par un vol plus rapide que les regards, je me trouvai sous de nouveaux cieux. Tout en est encore présent à ma pensée. La lumière brûlante du soleil n'est point la lumière de cette région fortunée.

    Un crépuscule, une aurore éternelle,
    Plus attendrissante et plus belle

Que les rayons du plus beau jour,
Répand et reproduit sans cesse,
A travers les jardins de cet heureux séjour,
Cette douce clarté, cette ombre enchanteresse,
Faite pour éclairer la timide tendresse
Et les premiers pas de l'amour.

Trois bocages divisent cette plaine délicieuse; aux myrtes du premier sont suspendues des lyres éoliennes; un aigle voltige sur les lauriers du second : des lis immortels couronnent l'enceinte du dernier. J'entrai dans celui-ci; conduit par d'agréables détours, j'arrivai près d'un salon de verdure où une troupe immortelle étoit rassemblée sur des lits de mousse et de gazon; une voix connue frappa tout à coup mon oreille et mon cœur; c'étoit la voix touchante d'Ariste même, de cet Ariste chéri que je brûlois de retrouver. Rendu maître de mes transports par la crainte de l'interrompre, et caché par un feuillage, je l'écoutai; il parloit comme les dieux, jamais il n'avoit eu d'autre langage; plusieurs ombres charmantes l'entouroient attentivement, elles s'intéressent encore aux arts et aux plaisirs de nos rives; il leur racontoit l'histoire présente à peu près dans ces termes :

Si l'on croit les plaintes mutines *
De quelques frondeurs décriés*,
Les lamentations chagrines
De quelques pédants ennuyés,
Et les pancartes clandestines

* Les vers marqués d'un astérisque ont été reproduits par Gresset dans sa pièce : *Sur les tableaux exposés à l'Académie royale de peinture, au mois de septembre 1757.*

De quelques auteurs oubliés *,
Tout s'anéantit dans la France *,
Le goût, les talents et les arts ;
Une commune décadence
Les entraîne de toutes parts,
Et partout la fière ignorance
Sur les lambris de l'opulence
Vient arborer ses étendarts.
Mais en dépit des homélies
De nos malheureux Jérémies,
Vous pouvez croire en vérité
Qu'aujourd'hui comme dans votre âge
La France rend encor hommage
A la véritable beauté ;
Qu'on y compte plus d'un suffrage
Digne encor d'être mérité ;
Qu'on n'y subit point l'esclavage
De la cabale ni des noms,
Et qu'indépendant des patrons,
Le goût, libre dans le partage
Et du mépris et des succès,
Y distribue à chaque ouvrage
Ou les lauriers ou les sifflets.
Si les beaux-arts en cette race
Offrent de plus rares travaux,
Et si les fleuves du Parnasse
Ne semblent plus que des ruisseaux,
Les élèves de l'Harmonie
En doivent-ils être accusés ?
Quand les sujets sont épuisés,
Quel champ reste encore au génie ?
Lui suffira-t-il d'imiter ?
Les vrais enfants de Polymnie
Ne sont point faits pour répéter ;
Ou s'ils prennent encor la lyre

Pour la beauté qui les inspire,
Et si quelqu'un d'eux chante encore,
Moins auteur qu'amant,
Ses vers sont les jeux d'un moment :
La nymphe que son cœur adore
En est le sujet et le prix.
L'univers entier les ignore :
L'amour seul connoît ces écrits.

C'est ainsi qu'Ariste peignoit, tel avoit été son caractère : quoiqu'il eût vu des temps meilleurs, il chérissoit,
il estimoit nos jours.

Il n'étoit point de ces tristes critiques,
De ces esprits faux et bourrus,
Du présent ennemis caustiques,
D'un avenir meilleur prophètes fanatiques,
Et loueurs éternels de tout ce qui n'est plus.
Des sentiments d'ennui, de censure et de haine
Fuyant le pénible fardeau,
Juge facile, heureux sans peine,
Il étoit convaincu qu'il faut voir tout en beau,
Donner à tout des raisons de nous plaire,
Et qu'un esprit difficile et sévère,
Qui porte le niveau partout,
Est un fou sérieux et malheureux par goût.

Après son récit, la troupe immortelle quittant ce lieu
pour descendre dans un vallon charmant, je sors de mon
réduit, je vole dans les bras d'Ariste.

O mon premier guide ! ô mon père !
O vous que j'adore toujours !
Quand la Parque eut brisé le fuseau de vos jours,

La voix de ma douleur amère
Vint-elle jusqu'à vous sur l'aile des amours ?
Termine, me dit-il, ces plaintes douloureuses,
C'est profaner ces lieux que d'oser y gémir ;
   On n'y connoît que ces larmes heureuses
Qui baignent de beaux yeux noyés dans le plaisir.
Si, sur notre destin, les préjugés profanes
T'ont laissé dans le doute ou jeté dans l'erreur,
Apprends le sort des dieux et des paisibles mânes :
Le vrai seul parle ici, sans mollesse et sans peur.

[L.]

Gresset indique comment devait se terminer l'épître. « Ce que chacun aimoit dans sa course mortelle, il le trouve là-bas ou l'attend. »

V.

A Mme DE SÉMONVILLE [1],

A Artenay, près du Mans.

SUR SES DISTRACTIONS.

[Amiens, 12 novembre 1741.]

Dans la paisible jouissance
De vos chères distractions,
Un profane peut-il troubler votre silence
Et dérober votre âme aux systèmes profonds
Qu'elle achève ou qu'elle commence?

Lettre, d'où viens-tu? Quoi? qu'est-ce? quelle est donc
cette écriture? dites-vous en ce moment, Madame. Vous
allez le deviner, si vous voulez bien vous souvenir qu'il
avoit été prédit cet été qu'à la Saint-Martin on écriroit de
la Thébaïde picarde aux déserts du Maine; il n'a pas tenu
à moi que l'oracle n'ait menti pour le temps et qu'on ne
soit venu vous rendre visite dès le mois passé; j'ai fait tout
ce que j'ai pu à Chaulnes pour engager un *intendangre* et

---

[1] Un fragment de cette lettre a été publié dans *l'Isographie des hommes célèbres*.

un *Bougeangingre* à se joindre à moi, et à vous écrire
ensemble un chapitre de la suite des Barbes. Je dois leur
rendre justice et dire à leur honneur que tous deux ne de-
mandoient pas mieux ; mais il est arrivé à ce projet ce qui
arrive assez communément à ceux dont plusieurs gens se
chargent à la fois : tous les matins nous promettions tous
trois de commencer la lettre, tous trois nous nous repo-
sions l'un sur l'autre pendant le jour, et chaque soir il ne
se trouvoit rien de fait. L'un vouloit de la prose, l'autre
des vers, le troisième ni vers ni prose ou tous les deux
ensemble. L'un prétendoit vous prêcher sur la singularité,
l'autre vous faire la guerre sur ces bonnes grosses distractions où l'on frappe trois fois du couteau sur la table. Je
m'opposois aux deux ; je disois au premier, pour justifier
cette singularité prétendue :

> Plaire sans y songer, n'être point minaudière,
>   Gagner tout sans prétendre à rien,
> Soutenir sans ponpons le plus long entretien,
>   Ni bégueule, ni grimacière,
>   Ni méchante, ni tracassière;
>   Je le demande, en ce temps-ci
>   N'est-ce point être singulière?
>   Qu'il est heureux de l'être ainsi !

Pour le second, s'il avoit suivi son projet, le mien
étoit d'accompagner son sermon de cette réponse :

> Vous qu'on critique et qu'on adore,
> Vous en qui j'aime mieux encore
> Les défauts que nous vous voyons
> Que ces tristes perfections
> Que la pédanterie honore

De tant de magnifiques noms ;
Gardez cet heureux caractère :
Qu'on le prêche sans le changer,
Et si vous voulez toujours plaire
Gardez-vous de vous corriger.
Vous êtes, dit-on, trop distraite,
Sans cesse une image secrète
Vous enlève aux objets présents ;
Vous partez laissant là les gens,
Et quand vous seriez en visite
Chez le grand vicaire de Dieu,
Votre esprit revenant au gîte
Partiroit sans lui dire adieu.
Mais quoi ! ce qui nous environne,
Si l'on veut bien tout discuter,
Vaut-il la peine qu'on se donne
Pour le voir ou pour l'écouter ?
Trop heureux l'esprit qui s'envole
Du milieu d'un cercle frivole
Dans l'asile écarté de ses réflexions !
D'ailleurs pendant le cours de ces distractions
Que l'on vous reproche et que j'aime,
Sans doute, en ces moments, absorbée en secret,
Vous réfléchissez sur vous-même.
Le défaut, s'il en est, s'excuse par l'objet,
Et vous perdriez trop à changer de sujet.

Vous voyez, Madame, que rien n'est perdu dans ce
monde, je vous dis aujourd'hui tout ce que je devois dire
il y a trois semaines. Il fut tant perdu de temps dans notre
conseil à délibérer que rien ne fut conclu, et tant à dire
que rien ne fut écrit. Je chargeai d'imprécations le P. Bougeant quand il partit de Chaulnes, je rompis ma société

17

d'épîtres avec M. Chauvelin, et je les laisse tous deux punis, puisque je vous écris seul. Si je ne craignois de parler la langue des *barbes* et de vous renouveler les ennuyeux propos des matinées de la fontaine, je vous demanderois des nouvelles de vos eaux ; mais de tout Forges il ne faut se souvenir que des soirées, tout le reste n'a pas existé. Je serois bien joyeux si par hasard vous aviez actuellement M. d'Espersennes et que vous voulussiez bien lui chanter trois fois : que toi... que lui... que vous... et recommander quatre ou cinq fois à son souvenir quelqu'un qui en est extrêmement jaloux. Mais j'ai bien peur que ma lettre ne le trouve point. Hélas! cher Espersennes de mon âme, où êtes-vous donc en ce moment? En quel barbare climat le barbare amour trouve-t-il un barbare plaisir à la peine de votre barbe? Soupirez-vous? gémissez-vous? mourrez-vous dans l'horreur des tristes préférences que vous saviez prodiguer si gaîment à la très-triste barbe noire? Le règne du *prétexte* est-il fini pour votre malheur? Le masque de la *véritable* est-il enfin levé? Et le petit sultanin des trios vous a-t-il chanté en fausset aigre? — N'en pouvez-vous plus douter? — Dissimulez votre peine et respectez mes plaisirs. — Mille pardons, Madame, de toutes ces folies. Il faut laisser la place à la respectable gravité de quelques dames du Maine qu'on vient peut-être de vous annoncer; je crains de troubler l'attention profonde et soutenue que vous allez avoir pendant leur longue visite, et quoique très-fâché de vous quitter, je me retire.

[L.]

VI.

A ***

SUR LA PARESSE DU PÈRE BOUGEANT A LUI ÉCRIRE.

Dans cet asile si riant
Qui semble fait également
Pour le bruit et pour le silence,
Avez-vous encor à présent
La paresseuse révérence
Du paresseux père Bougeant?
Je devois croire qu'à ma muse
Pendant cet automne il pairoit
Une revanche et l'intérêt,
Et qu'au pied d'un if il pendroit
Ou la lyre ou la cornemuse,
Ou moins encor s'il le vouloit,
Ne fût-ce que le flageolet.
Que dira-t-il pour sa défense?
Je sais qu'en ces aimables lieux
Il faut dormir en conscience
Et qu'il faut être paresseux;
A ce système nécessaire
Bien loin qu'on me trouve contraire,
Souvent la paresse m'a vu,

Son chevalier ou son apôtre,
La prêcher comme une vertu
Et la pratiquer mieux qu'un autre.
Mais refuser le moindre effort,
Le plus petit chiffon de lettre,
En vérité ce n'est point être
Un paresseux, c'est être mort.
Si pourtant de ce long silence
Il se repent incessamment
Et qu'il rime sa pénitence,
Je le ressuscite à l'instant.
Mais si, sous un faux air de sage,
Il se refuse tristement
Au poétique badinage
Moins aimable que révérend,

. . . .

Ici-gît un gentil hermite
Qui pouvoit tout et ne fit rien ;
Il eut les talents d'un jésuite
Et la paresse d'un gardien.

[L.]

VII.

A M. ORRY,

Contrôleur général des Finances [1].

Dans l'asile heureux où l'étude,
Aux travaux mêlant les loisirs,
Offre à ma chère solitude
Ses richesses et ses plaisirs,
Mon choix a rassemblé les vivantes images
Des maîtres renommés de l'art que je chéris;
Par l'immortel burin leurs traits me sont transmis,
J'y vois à chaque instant mes guides et mes sages.
Près d'eux aussi tracés, non moins sacrés pour moi,
Brillent ces protecteurs d'éternelle mémoire,
Qui, pères des talents, en partagent la gloire.
Je crois les adorer, ils vivent, je les voi....
Mon génie enflammé prend un vol plus rapide
Au spectacle qui m'est offert;
Mécène, Richelieu, Colbert....
Que vois-je! à leurs côtés un rang reste encor vide!
Ma reconnoissance a choisi:
Mais sans ce sentiment, l'équité le décide,
Tous les arts ont parlé, ce beau rang est rempli.

---

[1] Il lui demande son portrait.

Ministre glorieux, vous voyez ma prière,
Élevez mon essor par ce nouveau bienfait,
Accordez à mes vœux l'image la plus chère,
Et mon temple sera parfait.

[L.]

VIII.

A L'ABBÉ DE BRETEUIL [1].

Ipse, ego, qui nullos me affirmo scribere versus,
Invenior Parthis mendacior.....

Horat. *Epist.* lib. II, ep. 1.

Par les cris fougueux de la haine,
Depuis que la noire Alecton
Souille les ondes d'Hippocrène
De la fange du Phlégéton,
Et qu'elle y place en souveraine,
Sur les débris de la raison,
L'injure, la discorde vaine
Et le fanatisme du nom;
Dans le tumulte du Parnasse,
Parmi de risibles combats,
Vers ces tristes lieux avec grâce
Peut-on porter encor ses pas,
Et retrouver le dieu d'Horace
Où dominent seuls aujourd'hui
La fureur, l'opprobre et l'ennui?
. . . .

Divinités dont le flambeau

[1] Plusieurs vers de cette pièce ont paru dans l'*Épître au P. Bougeant.*

M'éclaire depuis mon berceau,
O vous, ô nymphes immortelles!
Lorsque vos élèves rebelles,
Loin de consacrer tous leurs jours
Par des beautés toujours nouvelles,
Dégradent dans d'affreux libelles
La langue aimable des amours;
D'une méprisable colère
Victimes et jouets honteux,
Et la fable de ce vulgaire
Dont ils devroient être les dieux ;
Muses, qui n'êtes point complices
De leurs chants ni de leurs travers,
Loin du bruit des complots divers
Qui font leur honte, leurs supplices
Et le mépris de l'univers,
Versez vos plus pures délices
Et votre candeur dans mes vers;
Ou si votre verve cynique
Inspire ce ton satirique
Dont le public est ennuié,
Je renonce à votre harmonie :
Mes dieux, ma muse, mon génie
Seront l'amour et l'amitié.

Je vois enfin ce toit champêtre,
Ces bois désirés et chéris,
Et je goûte le plaisir d'être
A trente milles de Paris.
C'étoit de ce lieu solitaire,
Qu'entre les enfants de Cithère
Et les muses enseveli,
Je devois t'envoyer sans cesse
Des fruits d'une nouvelle ivresse
Dans ton modeste Tivoli.

Tantôt du sein de Proserpine
Tirant quelque aimable héroïne,
J'en devois chanter le destin,
Sûr d'intéresser à ses larmes,
Et par la voix pleine de charmes,
Et par les beaux yeux de Gaussin ;
Tantôt, de l'humaine folie
Traçant quelques nouveaux portraits,
Chez le disciple de Lélie
Et chez le Ménandre françois,
De la fugitive Thalie
J'aurois trouvé les premiers traits ;
Souvent enfin à l'héroïque,
Au ton de la scène critique
Associant les sons badins,
J'aurois joint quelque trait mystique,
Quelque épisode séraphique
A l'iliade des nonnains.
J'avois promis, mais tu t'abuses
Si tu comptes sur nos discours,
Cher ami, les serments des muses
Ressemblent à ceux des Amours.
Endormi dans un doux silence,
Plongé dans la double indolence
Du philosophe et du berger,
J'ai vécu deux mois sans songer
Que l'on rimoit encore en France,
Et je t'avoue franchement,
Que peu jaloux d'être présent
Au petit lever de l'aurore,
Dans ce champêtre éloignement
Je ne la verrois point éclore,
S'élever de la rive more
Comme je fais en ce moment,
Si ta lettre et l'ordre charmant

D'une mortelle que j'adore
Ne valoient mieux que mon serment.
Que peux-tu toutefois attendre
D'un anachorète isolé
Qui, depuis deux mois enterré,
Est réduit au plaisir d'entendre
Les proverbes du vieux Silvandre
Et les prônes de son curé ?
Te parlerois-je bergeries,
Vallons, solitude, hameaux ?
On a tant chanté les prairies,
On est si las des chalumeaux !
. . . .

| L.]

IX.

A M. DE PICQUIGNY[1].

Un travail qu'il faut suivre, et que je me flatte que vous approuverez bientôt beaucoup plus que toutes les pièces détachées, m'a empêché de refondre l'épître et de la rendre digne de son sujet. (*Suivait l'Épître.*) S'il y avoit le moindre jour à en faire pour moi quelque usage avantageux, comme vous êtes souvent à portée de le faire, vous n'aurez qu'un mot à dire : en trois jours tout sera retouché, et la parabole de la fin seroit bientôt accommodée au théâtre et de façon à paroître. Sinon, je m'en rapporte à vos lumières et je n'y pense plus. Ce dernier rabâchage que j'en fais est le propos de quelqu'un qui se prend à toutes les lueurs de quelque chose, et qui troqueroit bien volontiers mille et une espérances qu'on lui a données pour la plus petite réalité d'une situation honnête. Après cinq années de tentatives inutiles, il y a de quoi satisfaire encore à un . . . . (*illisible*).

---

[1] Michel-Ferdinand d'Albert d'Ailly, duc de Chaulnes, né le 31 décembre 1714, mort en 1769.

Il n'est qu'un jour brillant dont l'avenir me flatte,
Jour où vous me verriez sans peine détaché
Des stoïques foyers où je reste caché,
  Et vous savez que j'ai pris date.
Vers ce fameux séjour où vos sages aïeux[1]
Chargés des droits du trône ont servi la patrie,
Un jour le même zèle et le même génie
Sans doute conduiront vos destins glorieux.
A ce prix, affranchi de l'ombre et du silence,
A Tuscule, à Tibur, je vole sur vos pas.
  Quand pourrai-je, en ces beaux climats,
  Accompagner Votre Excellence !

    [L.]

[1] Charles d'Albert, duc de Chaulnes, ambassadeur à Rome en 1667, 1689, 1696.

X.

FRAGMENT D'UN DISCOURS

PRONONCÉ PAR GRESSET, LORS DE LA RÉCEPTION DE VALLIER
A LA SOCIÉTÉ LITTÉRAIRE D'AMIENS, EN 1749 [1].

« Si la ville s'est empressée de seconder le noble projet de la Société, quel lustre et quels avantages à son tour
cet utile établissement ne va-t-il pas procurer à la ville!
Un nouveau genre de gloire honore déjà nos murs. Des
étrangers distingués par la naissance, les emplois et les
talents reçoivent ici, avec empressement, le titre de citoyen, viennent partager notre gloire et nous associer à la
leur. Quelle ressource féconde pour les progrès du génie,
des lettres et des sciences que cette alliance des esprits,
et cet échange mutuel de secours et de lumières! Le commerce porte l'âme et la vie dans tous les climats; il trans-
met partout les trésors différents de la nature et de l'art;
il satisfait aux besoins réciproques des peuples; il rap-
proche, réunit et disperse toutes les richesses particulières

[1] Vallier, comte de Saussaye, colonel d'infanterie, auteur de diverses
poésies; il lut à la séance publique de l'Académie d'Amiens du 25 août 1769
l'éloge en vers de Chevert.

de l'univers pour l'intérêt général; il joint les deux mondes; la même circulation est nécessaire dans la carrière des sciences et de l'esprit humain; la Société littéraire étoit bien instruite de ce principe; ce n'est point seulement pour décorer sa liste de titres et de dignités qu'elle adopte des étrangers : les différents choix qu'elle a faits prouvent qu'elle n'a pensé qu'à se procurer de nouvelles ressources.

« Que ne doit-elle pas se promettre, Monsieur, du zèle obligeant que vous venez lui marquer, ainsi que de vos talents dans tous les genres qui honorent les sentiments, la raison et l'esprit? Quelque carrière que vous ayez parcourue, un génie facile, étendu, supérieur à toutes les difficultés, a toujours montré que vous étiez fait pour tout remplir avec distinction, également né pour le sanctuaire de Thémis, pour le temple d'Apollon, et pour les champs de la Victoire : ici je me rappelle des images qui seroient bien douloureuses encore à ma sensibilité, si elles n'étoient aussi glorieuses pour vous. Que de blessures multipliées en servant la patrie! Que de dangers pour un jour! Blessé successivement à l'escalade de Wissembourg en montant sur les murs de la place, à la tête des piquets de Champagne que vous commandiez, blessé au passage du Rhin, ainsi qu'à l'attaque du chemin couvert de Fribourg, n'est-ce point encore assez? Non, la Gloire, cette impérieuse et cruelle maîtresse, en vous réservant l'honneur d'entrer le premier dans la redoute de Vauban au siége de Charleroi, vous réservoit aussi de nouvelles blessures, actions brillantes, et dont la dernière vous a valu les éloges les plus flatteurs de la part du Roi, éloges plus glorieux et plus

chers que la récompense et le titre dont Sa Majesté les a
accompagnés. Sans doute, Monsieur, vous me reprocherez
tout ce détail; mais ma patrie, qui l'écoute, ne me repro-
chera point de lui avoir peint de toutes les couleurs de la
vérité le nouveau citoyen qu'elle adopte ici, et qu'elle
voudroit souvent y posséder; les Muses, les Grâces, la
Victoire vous ont couronné tour à tour de toutes leurs
guirlandes : il étoit bien juste que l'Amitié mêlât quelques
fleurs à vos myrtes et à vos lauriers... »

XI.

AU ROI DE PRUSSE.

POUR LE PREMIER JOUR DE L'ANNÉE 1750.

Grand Roi, qui devez moins à votre rang suprême
    Nos cœurs et nos concerts
Qu'au génie, aux vertus dont vous parez vous-même
    Le trône et l'univers,

Souffrez qu'à la tendresse, au respect, aux suffrages
    Des peuples, vos sujets,
Une voix étrangère unisse les hommages
    Dus aux brillants succès.

Mais suivrois-je en ce jour l'antique et fol usage
    Des inutiles vœux?
Quelques biens, quelques traits manquent-ils à l'image
    De vos destins heureux?

Quels myrtes, quels lauriers et quelles fleurs nouvelles
    Le tribut des humains

Pourroit-il ajouter aux palmes immortelles
    Qui naissent sous vos mains?

Par les arts, par les lois, le génie et la gloire,
    Couronné pour jamais
Au Parnasse, au Lycée, au char de la Victoire,
    Au trône de la Paix,

Vous offrez à nos yeux le monarque équitable,
    L'heureux législateur,
Le conquérant humain, le sage, l'homme aimable
    Et l'esprit créateur.

Arbitre et souverain des muses et des grâces,
    Des plaisirs et des arts,
Vous les avez conduits et fixés sur vos traces
    Dans le palais de Mars.

Cher à tous les climats, né pour tous les hommages
    Et l'immortalité,
Régnez pour le bonheur, pour la gloire des sages
    Et de l'humanité.

Notre siècle a laissé dix lustres en arrière,
    Et pour de nouveaux jours,
Au moment où je chante, il franchit la barrière
    Qui partage son cours.

Puissent vos jours heureux et vos travaux illustres,
    Si glorieux pour lui,
L'éclairer, l'embellir dans les dix autres lustres
    Qu'il commence aujourd'hui!

Que le siècle suivant prolonge à sa naissance
    Vos jours et vos splendeurs!

19

Voilà l'unique vœu qui soit en la puissance
De vos adorateurs.

Voilà mon juste encens : offert sans flatterie,
Il brûle loin des cours,
Dans un coin de la terre où ma philosophie
Cache et remplit mes jours.

Dans ces lieux, où je fuis la vaine multitude,
Quelquefois, ô grand Roi,
Vos sublimes regards, perçant ma solitude,
Sont venus jusqu'à moi :

Ainsi des vastes airs, traversant la campagne,
L'aigle voit à la fois
Le faîte des palais, la cime des montagnes
Et l'arbrisseau des bois.

Descendus jusqu'à moi du trône du génie,
Vos célestes accents
Des pures voluptés de la docte harmonie
Ont pénétré mes sens.

Si, dans quelques instants, de ce brillant empire
Qu'admire l'univers,
Votre voix daigne encor commander à ma lyre
Et charmer mes déserts,

Je reverrai briller ce bonheur, cette gloire
Dont Pline s'enivroit
En lisant les écrits d'éternelle mémoire
Dont Trajan l'honoroit.

Je n'ai ni les talents ni les titres de Pline,
Mais j'ai la noble ardeur

Dont son zèle immortel a peint l'âme divine
D'un sage et d'un vainqueur.

[J.]

A Amiens, 1750.

Voici la réponse du roi :

« Postdam, 4 avril 1750.

« Monsieur, j'ai reçu votre lettre avec grand plaisir.
Votre ode, pour être arrivée tard, ne m'en a pas paru
moins bonne, et j'accepte bien volontiers l'augure que des
vœux aussi heureusement exprimés semblent m'annoncer
pour cette année. Cet ouvrage est peut-être un des plus
parfaits qui aient été faits en ce genre. Je n'y vois de
défaut que d'y être trop loué; mais si je blâme le peu de
ressemblance du portrait, je ne puis m'empêcher d'admirer la beauté du tableau, et, pour ne rien dérober aux
applaudissements qui vous sont dus, ce beau morceau,
puisque vous le souhaitez, sera lu dans l'Académie. »

(*OEuvres de Frédéric le Grand*, tome XX. Berlin, 1852.)

XII.

FÊTE

POUR LA NAISSANCE
DE MONSEIGNEUR LE DUC DE BOURGOGNE [1].

Paroles pour être mises en musique.

ACTEURS :

LA DÉESSE DE L'AMITIÉ.	LE GÉNIE DE LA GUERRE.
LE GÉNIE DES ARTS.	LEUR SUITE.

SCÈNE PREMIÈRE.

La première décoration représente des bosquets et des jardins.

LE GÉNIE DES ARTS. — LE CHŒUR.

LE GÉNIE DES ARTS.

Ministres des arts enchanteurs
Qui sont soumis à ma puissance,
Couronnez-vous des plus brillantes fleurs;
Chantez la fête de la France :

---

[1] Louis, duc de Bourgogne, petit-fils de Louis XV, né le 13 septembre 1751, mort le 22 mars 1761. Sa vie est imprimée dans le recueil intitulé : *Vie des Enfants célèbres*, par Fréville. Paris, 1818.

Vous lui devez vos plus vives splendeurs,
Éternisez votre reconnoissance.

LE CHOEUR.

Chantons la fête de la France,
Éternisons notre reconnoissance.

(Pendant que le chœur chante, des nymphes entrent sur la scène en dansant,
et portent les divers attributs des beaux-arts.)

LE GÉNIE DES ARTS.

C'est à vous qu'appartient l'avantage éclatant
D'annoncer le héros naissant
Dont le ciel enrichit cet immortel empire ;
Pour présager la gloire de ses pas
Et l'éclat qu'il vient vous prédire,
Il est inutile de lire
Au livre du destin qui régit les États :
Le règne fortuné que l'univers admire
Est l'oracle de ces climats,
Et le sang des Bourbons ne dégénère pas.
Célébrez le bonheur et l'amour de la France :
Que le clairon bruyant ne trouble plus les airs ;
Redoublez, signalez vos jeux et vos concerts
Dans les heureux loisirs que la paix vous dispense ;
Que l'allégresse annonce à cent peuples divers
Et la durée et la puissance
Du plus beau sang de l'univers.

LE CHOEUR.

Célébrons le bonheur et l'amour de la France,
Redoublons, signalons nos jeux et nos concerts :
Que l'allégresse annonce à cent peuples divers
Et la durée et la puissance
Du plus beau sang de l'univers.

(On danse. Une symphonie guerrière interrompt la fête.)

SCÈNE DEUXIÈME.

Le Génie de la Guerre accompagné d'une troupe de guerriers armés et portant des drapeaux et des étendards. — Le Génie des Arts et sa suite. — Les deux Chœurs séparés occupent chacun un côté du théâtre.

LE GÉNIE DE LA GUERRE.

Épargnez-vous les soins d'un inutile zèle,
 Vous qui ne chantez que la Paix;
Nous devons à ce jour une fête plus belle
Et des jeux au-dessus de vos faibles projets.
  C'est aux enfants de la Victoire
 A célébrer dans ces climats guerriers
  Un Prince qui naît pour la gloire,
  Les conquêtes et les lauriers;
Tout nous en garantit la brillante espérance,
 Fils du héros qu'auprès du plus grand roi,
Nous avons vu combattre aux champs de Fontenoi,
Il en aura les traits, l'éclat et la vaillance.
Trompettes, éclatez : traçons dans ce beau jour
L'image des exploits qui soumettent la terre :
  Éclatez, appelez la guerre.

LE CHŒUR DES GUERRIERS.

Trompettes, éclatez : traçons dans ce beau jour
L'image des exploits qui soumettent la terre,
  Éclatez, appelez la guerre.

LE GÉNIE DES ARTS.

Brillez, tendres hautbois, enchantez ce séjour.

LE GÉNIE DE LA GUERRE, accompagné des trompettes.

  Il fera trembler la terre.

LE GÉNIE DES ARTS, accompagné des hautbois.

Il saura préférer d'en mériter l'amour.

LE CHŒUR DES GUERRIERS, avec les trompettes.

Il fera trembler la terre.

LE CHŒUR DES ARTS, avec les hautbois.

Il saura préférer d'en mériter l'amour.

LE GÉNIE DES ARTS.

Il naît sous l'astre heureux de la paix bienfaisante
Que vient de rendre aux mortels
La main auguste et triomphante
D'un Roi digne à jamais des vœux et des autels
De l'Europe reconnoissante.
Brillez, tendres hautbois, n'annoncez que l'amour
Et les hommages de la terre.

LE GÉNIE DE LA GUERRE.

Trompettes, éclatez ; c'est ici le séjour
Du maître des héros : annoncez son tonnerre,
Éclatez, appelez la guerre...

(Les trompettes s'interrompent tout à coup ; on entend une symphonie plus
douce de flûtes, musettes, etc.)

Mais quel charme soudain, quels sons intéressants
Enchaînent notre ardeur, et captivent nos sens
Sous ces berceaux de fleurs et de verdure ?
Les Grâces ont choisi cet asile enchanté...

(La décoration des bosquets et des jardins se sépare. Le temple de l'Amitié
se découvre et n'est orné que de lis et de myrtes.)

Quelle tendre divinité
Sort d'un temple embelli par la simple nature ?
Est-ce Minerve ? est-ce Hébé ?

LE GÉNIE DES ARTS.

A sa lumière vive et pure,
Je reconnois la divine Amitié.

SCÈNE TROISIÈME.

LA DÉESSE DE L'AMITIÉ et les acteurs précédents.

L'AMITIÉ.

Sur une injuste préférence,
Cessez d'inutiles débats :
Vous célébrez les arts, vous chantez les combats
D'un autre siècle éclatante espérance ;
Mais, sans prendre aujourd'hui le soin de l'avenir,
Il est un autre objet des concerts de la France,
Un sentiment plus cher dont, avec complaisance,
Elle aime à s'entretenir.
Au sein de la puissance et d'une paix profonde,
Parmi la gloire et les plaisirs,
Un bien manquoit aux vœux du plus grand Roi du monde :
Louis voit en ce jour combler tous ses désirs ;
Son bonheur accompli, sa sensible tendresse,
Doivent seuls occuper tous vos chants d'allégresse.
Faites retentir jusqu'aux cieux
Vos transports, votre amour sincère ;
Jouissez ; Louis est heureux :
Vous n'avez plus de vœux à faire.

LES DEUX CHŒURS ensemble.

Faisons retentir jusqu'aux cieux
Nos transports, notre amour sincère ;

Jouissons; Louis est heureux :
Nous n'avons plus de vœux à faire.

L'AMITIÉ.

Sur les autels de la Paix,
L'art immortel des doctes fées,
D'un Roi, l'égal d'Auguste, a consacré les traits ;
La Gloire, au milieu des trophées,
D'un monarque héros a tracé les succès ;
Mais de quelque illustre avantage
Que leur pinceau jaloux se soit glorifié,
C'est au temple de l'Amitié
Que brille de Louis la plus heureuse image ;
C'est moi qui développe à l'univers charmé
Les grâces, les vertus, le bienfaisant génie
D'un Roi fait pour sentir le bonheur d'être aimé,
Et qui, par sa bonté, chaque jour de sa vie,
Confirme l'heureux nom dont l'amour l'a nommé.

LES CHŒURS ensemble.

Régnez, tendre Amitié ! votre présence assure
Le plaisir, la félicité :
Votre flamme immortelle et pure
Fait l'appui de l'humanité
Et le bonheur de la nature.

L'AMITIÉ.

Venez, volez, jeux enchanteurs,
Unissez les lauriers, les myrtes et les fleurs,
Embellissez les airs, parez la terre et l'onde :
Qu'en cet heureux séjour aux loisirs consacré
La riante Thalie aujourd'hui vous seconde :
Prenez soin des plaisirs d'un monarque adoré
Qui prend soin du bonheur du monde.

LES CHŒURS.

Prenons soin des plaisirs d'un monarque adoré
Qui prend soin du bonheur du monde.

BALLET GÉNÉRAL.

[J.]

XIII.

VERS FAITS A CHAULNES

POUR LA CLÔTURE DE LA TRAGÉDIE[1].

Entendrai-je longtemps ce profane théâtre
Retentir des erreurs d'une muse folâtre?
N'est-il plus de vertus? N'est-il que des défauts?
Quoi! toujours des bouffons, et jamais de héros!
Ne savez-vous donc point que par la comédie
L'âme de l'acteur même est bientôt avilie,
Que du défaut qu'on joue on prend souvent le mal,
Que la copie enfin devient l'original?
Tel est devenu fat, ou jaloux, ou sauvage;
Tel prend, sans y penser, de faux tons, de faux airs,
Qui, suivant la nature, étoit aimable et sage,
Mais qui d'un rôle sot rapporte des travers.
Melpomène, au contraire, échauffe, épure l'âme,
Elle vient l'enlever sur des ailes de flamme
De la fange du monde aux lumières des cieux,
Et de quelques mortels fait des rivaux aux dieux.
Ainsi, prenez l'essor; laissez dans la poussière
Les frivoles lauriers d'une scène grossière.
Que tantôt Andromaque et tantôt Phèdre en pleurs

---

[1] La copie de cette pièce est de Duméril.

Soupirent par vos voix d'héroïques douleurs.
Que la Chine elle-même instruise vos rivages [1]
Et vous montre qu'elle a ses héros et ses sages.
Frappez, attendrissez; réveillez les soupirs
Et ces aimables pleurs qui valent les plaisirs ;
Que les chants sans honneurs de la faible Thalie
Soient les fastes honteux de l'humaine folie,
Et les nôtres seront l'école des grands cœurs,
L'histoire des vertus et le flambeau des mœurs.

I L.j

---

[1] *L'Orphelin de la Chine*, tragédie de Voltaire, représentée en 1755.

XIV.

ÉPITRE

A M. LE DUC DE CHAULNES.

Élève des vertus, des arts et du génie,
Vous, dont tous les plaisirs embellissent la vie,
Pourquoi désirez-vous qu'un ermite aujourd'hui,
Vous peignant son désert, vous expose à l'ennui ?
Que dis-je? Ces objets, l'image de l'étude,
Le calme du silence et de la solitude,
Ne peuvent ennuyer que ces vains freluquets
Qui, nés pour le tumulte et les colifichets,
Ne connurent jamais cette volupté pure
Qui suit la vérité, la paix et la nature,
Prennent pour le plaisir un éternel délire,
Et ne m'entendroient pas si je venois leur dire
Qu'il est une solide et vive volupté
Dans la paix du silence et dans l'obscurité.
Mais ce n'est point pour vous une langue étrangère :
Un esprit sage et vrai, né pour instruire et plaire,
S'il se prête aux plaisirs de la société
Se livre à ceux des arts et de la vérité.
. . . .

Les déserts ne sont point un exil à leurs yeux ;

Les brillantes erreurs, les séduisants mensonges,
Les vains amusements, les fantômes, les songes,
Sans assoupir leurs sens voltigent autour d'eux.
.   .   .   .

De tous les esprits vrais, égale souveraine,
La nature partout sait leur parler en reine,
Et le goût du repos, de l'étude et des bois
Jusqu'au sein de la cour obtient toujours ses droits.
.   .   .   .

Fait au sort où le ciel a voulu me ranger,
Je ne désire point un bonheur étranger.
Affranchi des noirceurs de la misanthropie,
De l'ennui des désirs, du tourment de l'envie,
Je vois sans murmurer ceux que l'on nomme heureux,
Et, si je sais penser, je le suis autant qu'eux.
Je pourrois dire plus, fronder ces biens frivoles,
Du vulgaire doré méprisables idoles;
Et de vingt lieux communs rajeunissant les traits
Prêcher que ces heureux ne le furent jamais,
Qu'ils suivent, en rampant, un être imaginaire;
Mais, sans me reguinder dans la stoïque chaire,
Fastidieux séjour du vain raisonnement,
Je tire mon bonheur d'un plus cher sentiment.
Quel est-il, en effet, le bonheur véritable?
L'inaltérable état d'une âme irréprochable
Qui voit et ses travaux et ses mœurs honorés
Du suffrage constant des esprits éclairés;
Mes jours se sont levés sous cet astre fidèle.
Si le ciel a sur moi versé quelque étincelle
D'un talent dangereux dans les cœurs faux et bas,
J'en ai fait un emploi dont je ne rougis pas.
Je n'ai point diffamé la langue du génie
Par l'adulation ou par la calomnie.
L'indécence jamais, la basse obscénité,
Ou, plus coupable encor, la folle impiété,

Ne m'ont vu couronner leurs grossières images,
Ni briguer par leurs voix la foule des suffrages.
C'est par là que j'ai vu mes travaux soutenus
Par des sages, du ton, du rang de Lélius,
Esprits nés pour parer la raison la plus pure
Des grâces que la cour ajoute à la nature.
De ces suffrages sûrs autant que glorieux,
Honoré dans l'asile où m'ont caché les cieux,
Loin de charger le sort de plaintes surannées,
Je dois bénir la main qui traça mes journées.
Ce grand qui n'a pour lui qu'un pompeux écusson,
Dont on méprise l'âme en respectant son nom ;
Ce ventre, ce veau d'or, cette bête de somme,
Que le peuple déteste et que fuit l'honnête homme ;
Ce lâche complaisant ; ce flatteur doucereux ;
Cet auteur diffamé : voilà les malheureux.
Il est d'autres faveurs dont je dois rendre grâces
A l'astre bienfaisant qui dirige mes traces :
Dans les appuis brillants que le sort m'a donnés,
J'ai vu, je compte encor des sages couronnés.
Ce monarque adoré, sous qui l'heureuse France,
Arbitre de l'Europe, en soutient la balance,
Daigna s'intéresser à mes faibles essais
Et me fit joindre au zèle, aux vœux d'un cœur françois,
Au bonheur d'admirer sa suprême puissance,
Le plus cher sentiment de la reconnoissance,
Et l'ardeur d'obtenir sa voix et son appui
D'un ton plus digne encor de la gloire et de lui.
Si de tous les humains l'origine est la même,
S'ils arrivent égaux vers le terme suprême,
A mon être, à mon sort, qu'importe qu'un instant
Me voie. . . . . . . et plus riche et plus grand ?
Si l'or, si la grandeur, par quelques traits de flamme
Épuroient, étendoient les plaisirs de notre âme ;
Si, prolongeant nos jours trop prompts à s'éclipser,

Ils prolongeoient le temps d'aimer et de penser,
Sans doute, ramené dans la route commune,
Je volerois au temple où règne la Fortune,
Où tant d'humains trompés meurent en l'adorant,
Où Crésus même encor désire en expirant.
Mais puisque cet éclat qu'un rien fait disparoître
Ne peut point ajouter à mes sens, à mon être,
Irois-je, par moi-même, à l'erreur condamné,
Oter à ma raison l'instant qui m'est donné ?

. . . .

[L.]

XV.

A M. LE MARQUIS DE CHAUVELIN [1],

Ambassadeur de France à Turin, 1765.

SUR LA MORT DU DUC DE PARME.

Je n'ai pu me refuser, mon illustre et cher ami, au sentiment d'un véritable attendrissement en lisant vos regrets sur la mort de S. A. R. l'Infant Don Philippe, duc de Parme [2]. Votre lettre m'a pénétré, et quoique j'aie perdu l'habitude des vers, votre douleur m'a commandé ceux que vous allez lire sur cet affreux événement; si vous les jugez dignes d'être présentés à Son Altesse Royale Madame la Princesse de Savoie, ces vers sont à vos ordres; ils auroient valu beaucoup mieux pour le fond des choses, si j'avois pu y graver tout entière l'empreinte de vos tendres sentiments et de cette éloquence du cœur qui les a dictés; enfin, tels que sont ces vers, je vous les envoie du fond de ma solitude sans autre parure que la vérité, qui est la langue du désert. Le bon ermite ne peut offrir

---

[1] C'est à lui qu'est adressée la lettre du 14 juillet 1734, insérée à la p. 115.
[2] Mort le 17 juillet 1765.

que quelques fruits sauvages nés dans les ronces et les
épines; votre génie les protégera et les embellira de ses
roses.

O songe de la vie! ô néant des grandeurs
  Et des fêtes les plus célèbres !
Parme se couronnoit de myrtes et de fleurs,
Le même instant la voit sous des voiles funèbres ;
Ses guirlandes, ses chars, ses palais enchanteurs
Sont couverts de cyprès, de crêpes, de ténèbres,
Et la voix du plaisir expire dans les pleurs.
  O perte soudaine et terrible,
A qui l'Europe entière a donné des regrets !
D'un peuple fortuné maître auguste et paisible,
Ce sage souverain, l'amour de ses sujets,
  Voyoit le plus heureux succès
Couronner tous les vœux de son âme sensible :
Parmi tous les plaisirs, les grâces, la splendeur,
Les acclamations et le plus tendre hommage,
  Brillant des rayons du bonheur
Il en versoit les dons, il en étoit l'image ;
Et c'est dans ces plaisirs, dans ces mêmes instants,
Au milieu des transports que l'allégresse inspire,
Que l'effroi, les clameurs, les funèbres accents,
  Annoncent que Philippe expire !...

De ce prince si cher auguste et digne sœur,
  Vous, dont l'amitié, la présence
Enchantoient ses regards et pénétroient son cœur,
  Après quatre lustres d'absence,
Quel spectacle pour vous succède à la douceur,
Au charme mutuel de cette renaissance!
Que la félicité tient de près au malheur !
  Cette réunion si tendre,

Ce bonheur n'étoit donc qu'un phosphore trompeur !
O mélange accablant de joie et de douleur !
Le revoir un instant, et pleurer sur sa cendre !
Quel autre sentiment, quel art consolateur
Pourroit jamais voiler cette image cruelle,
Si, parmi ces objets de tendresse et d'horreur,
La Religion sainte, immuable, éternelle,
     Ne présentoit à votre cœur
     L'image céleste et fidèle
Du seul bien qui survit à l'humaine grandeur ;
Ce prince bienfaisant, juste, sensible, aimable,
     Qui, de tous ses droits souverains,
Ne chérit, n'employa que le droit vénérable
     D'être utile et cher aux humains,
Cette âme vertueuse, élevée, adorable,
     Ne quitte un palais périssable
Que pour être transmise aux palais éternels
     Où le juge des rois couronne
     Les cœurs justes et paternels
     Qui furent dignes de leur trône
     Et regrettés chez les mortels.
O vous que la raison, les vertus couronnées,
Ont faite pour penser et plaire comme lui,
     Que de ses trop courtes années
     La trame s'ajoute aujourd'hui
     A vos brillantes destinées !

           [J.]

XVI.

A M....

SUR SA PARESSE A ÉCRIRE.

Sur cette scène passagère
Où la raison, avec pitié,
Voit tout naître, régner, et s'user, et déplaire,
J'ai vu plus d'un goût populaire,
A d'autres goûts sacrifié;
Plus d'un objet déifié
Par une vogue mensongère,
Aujourd'hui radieux et demain oublié [1];
J'ai vu des vains plaisirs le destin ordinaire,
Les sociétés du vulgaire,
Par les riens, le caprice et la fadeur lié,
Se dissoudre et finir par l'ennui nécessaire,
Par la tracasserie et par l'inimitié;
J'ai vu s'évanouir l'espoir imaginaire;
J'ai vu passer l'estime et la faveur légère;
J'ai vu périr l'amour, de lui-même ennuyé.
Tendre divinité, toi que le temps révère,
Toi que je croyois seule immuable et sincère,
Toi, de tous mes plaisirs la plus chère moitié,
Vas-tu perdre ce caractère,
Et ne serois-tu plus l'immortelle Amitié !

[J.]

[1] VARIANTE : Et le lendemain oublié.

XVII.

FRAGMENT D'UNE ÉPITRE.

Un élève [zélé] de la philosophie
A sa seule raison doit compte de sa vie;
Mais pour toi, cher ami, ce droit est oublié,
Et le même tribut se doit à l'amitié.
Je serois moins heureux, moins content de moi-même
Si, rebelle aux conseils que j'estime et que j'aime,
Je laissois les défauts qu'il a su m'exposer
Ou sans les corriger ou sans les excuser.
Né dans ce tourbillon et d'erreurs et d'ivresse
Dont le cercle rapide emporte ta jeunesse,
Né pour tous les plaisirs qui viennent t'enchanter,
Et par tes agréments fait pour les augmenter,
Tu ne peux t'expliquer l'esprit de solitude
Qui m'exile des lieux où court la multitude,
Et tu crois m'épargner en ne nommant qu'humeur
Ce qui te semble au fond une bizarre erreur.
Je pourrois à ces noms ajouter un délire,
Te dire : C'est mon goût; qui le dit croit tout dire,
Car, grâce au préjugé, ce roi de l'univers,
On croit par son penchant excuser son travers.
Mais moi qui veux laisser ces excuses frivoles
Aux sots que satisfait le vain bruit des paroles;

Qui, dans un rang plus haut plaçant l'humanité,
Sais qu'un goût, qu'un penchant, peut être surmonté;
Qu'arbitre de ses sens, souverain de son être,
L'homme qui pense est libre et n'a que lui pour maître,
Je ne me croirois pas disculpé devant toi,
Si je disois aussi que l'instinct, malgré moi,
M'enchaîne à mon désert dans de tristes entraves:
La sublime raison ne souffre point d'esclaves.
Apprends donc aujourd'hui de ma sincérité

. . . .

[L.]

XVIII.

SUR SON PORTRAIT.

Ma chère Eglé[1], l'amitié pour me plaire
Trace mon portrait en ce jour.
Toi demain, si tu veux, tu pourras le mieux faire :
Le pinceau le meilleur est celui de l'amour.

[L.]

XIX.

A CLIMÈNE.

Pour peindre une Vénus, un peintre dans Athène
De neuf beautés jadis unit les plus beaux traits :
On peindroit neuf Vénus, mon aimable Climène,
En leur divisant tes attraits.

[L.]

[1] Mᵐᵉ la duchesse de Chaulnes.

XX.

OBSERVATIONS

SUR LE POËME DE L'AGRICULTURE DE ROSSET [1].

« Les observations ordonnées débuteront peut-être
d'une façon assez ridicule et qui pourroit faire croire que
l'observateur veut faire plus que son petit rôle; on ne lui
demande que des remarques sur les endroits à corriger,
et il va se mêler d'abord de substituer des vers de son
crû, et même une assez longue tirade pour commencer. Il
a imaginé qu'il ne suffisoit pas d'indiquer le mal, mais qu'il
devoit aussi indiquer le remède et le risquer à tout hasard,
parce que le médecin ne répond de rien; il faut s'attendre
à beaucoup de notes, de changements et de vétilles même.
Nul genre d'écrits ne prête tant à l'esprit de chicane que
des vers à éplucher, à examiner dans tous les sens, et à
peser mot à mot, souvent même syllabe à syllabe, pour
vérifier la justesse des idées et la propriété des expressions.
Ces deux qualités une fois bien constatées, tout est fait dans
l'examen de tout autre genre d'écrits; mais ce n'est point

---

[1] Les renseignements donnés aux pages 97 et suivantes rendent ici toute
explication inutile.

encore assez pour cette épineuse et exigeante poésie : outre
la justesse des idées, elle veut que ces idées soient pré-
sentées en images; outre la propriété des expressions, elle
n'en souffre point qui ne soient de sa langue ; car la sim-
plicité même, dont on doit rendre les préceptes dans le
poëme didactique, n'y permet pas le style prosaïque.

« Au reste, si dans cette exacte et bien longue discussion il se trouve, chemin faisant, quelques notes qui
pourroient ne paroître que des minuties, ces minuties
mêmes prouveront du moins toute l'attention que l'on a
mise à examiner rigoureusement un ouvrage aussi esti-
mable, et l'intérêt sincère que l'on prend à tout le succès
qu'il mérite.

« Celui qui écrit ici se gardera bien de garantir aux
changements qu'il propose le droit de préférence sur les
endroits qu'il conseille de changer; mais ce qu'il peut garantir avec certitude, c'est qu'il rend un compte fidèle
de l'impression que chaque endroit remarqué lui a faite,
et qu'il offre en échange ce qui s'est présenté de mieux,
en disant ce que disoit l'abbé de Saint-Pierre, quand on
le consultoit sur quelque chose, et même quand on le
questionnoit à table sur quelque ragoût : « Je ne dis pas
« que cela soit bon, mais cela est bon pour moi. »

Soixante vers de Gresset ont pris place dans le premier chant de *l'Agriculture*; mais presque toutes les corrections qu'il avait proposées pour le deuxième chant
furent impitoyablement rejetées, et seize vers seulement
parvinrent à s'y glisser. Cependant, ce deuxième chant
donne lieu de la part de Gresset à cent soixante-six pages
de remarques et de changements! Je ne puis résister au

22

plaisir de mettre sous les yeux du lecteur le tableau que
notre poëte fait de plusieurs vins de la France: les deux
vers imprimés en italique sont de Rosset.

La Garonne, étendant ses trésors sur les eaux,
Voit l'Anglais empressé, sur de nombreux vaisseaux,
Charger ces vins vantés dont l'Océan achève
D'éclaircir la couleur et de mûrir la séve.
Que ces illustres noms s'abaissent devant toi,
Climat de la Bourgogne, et respectent leur roi.
Heureuse par tes dons, une riante troupe
Boit avec la santé la joie à pleine coupe.
Brillants coteaux d'Aï, Verzenay, Sillery,
L'allégresse renaît à votre nom chéri;
De votre ambre éclatant la mousse enchanteresse
Part, s'élance, bondit, perce l'air qui la presse :
Champs favoris des cieux, votre célébrité
Rappelle ce nectar que la Fable a chanté.
Reims, Dijon, qu'entre vous, zélés pour votre gloire,
Vos partisans divers balancent la victoire;
De l'aurore au couchant, du midi jusqu'au nord,
L'amour des nations a réglé votre sort.

Gresset se prononce contre le champagne mousseux.
« Le meilleur vin de Champagne n'est pas celui qui mousse.
Les vrais connoisseurs de tous pays ainsi que les véritables
connoisseurs Champenois ne font aucun cas des vins
mousseux, d'autant que cette mousse est, le plus souvent.
artificielle, factice, malsaine; le petit mérite de la mousse,
si c'en est encore un, n'est plus qu'un ancien préjugé
qui s'en va finissant, qui ne séduit et ne coiffe que des
têtes mâles ou femelles de vingt ans. Cette protestation

faite, comme de raison, dans un ouvrage qui ne devoit
être partout qu'instructif et utile, on laissera ici la mousse
pour ce qu'elle est; ce sera toujours un petit trait distinc-
tif du vin de Champagne, si ce n'en est point un éloge,
ni une qualité à désirer pour ceux qui le boivent, pas plus
qu'à recommander à ceux qui le font. »

CHANT TROISIÈME.

A partir du troisième chant, les rectifications deviennent moins nombreuses. Gresset se borne souvent à des observations, *on ne fait plus de vers exprès comme auparavant, mais on les offre encore quand ils se présentent tout
faits;* il avait bien raison de s'éviter la peine de chercher
des rimes, car, dans ce troisième chant, l'auteur du
poëme a jugé convenable de ne prendre que cinq vers
parmi ceux qui lui étaient envoyés. Ah, si Rosset eût soup-
çonné que son correcteur était de l'Académie française !
Le lecteur, exempt de toute faiblesse paternelle, adop-
tera sans hésitation plusieurs changements proposés par
notre muse, celui-ci, par exemple, qui était indiqué pour
les vers onze et suivants de Rosset :

De ces belles forêts le spectacle enchanteur
M'inspire dans ma course une nouvelle ardeur ;
Animés par mes chants, ces antres retentissent ;
Ces pins courbent leur front, ces chênes applaudissent ;
L'olive et le laurier unissent leurs rameaux
Pour couronner les arts et le front des héros.

Au lieu du passage commençant par ce vers :

La Grèce a trop longtemps vanté ses bois sacrés,

le poëte conseille de mettre :

> Que l'on ne vante plus la grandeur, les beautés
> De tous ces bois fameux que la Grèce a chantés ;
> Nos jours ne laissent rien à tant de renommée :
> Erymanthe, Cyllène, et Dodone, et Némée,
> O France, n'ont jamais enrichi leurs climats,
> Ainsi que ces forêts, trésors de tes États ;
> Quels bois ont égalé la beauté de ces routes,
> Et l'air majestueux de leurs sublimes voûtes ?
> Recevez mon hommage, Orléans, Eu, Coucy,
> Fontainebleau, Compiègne, Ardennes, Chantilly.

Gresset change complétement ce vers de Rosset :

Heureux, trois fois heureux, célèbre Occitanie,

et il met en place :

> Qu'il est chéri des dieux, illustre Occitanie,
> Le mortel fortuné dont tu fixes la vie !
> La pourpre, l'indigo, l'or et les diamants,
> Fruits d'un autre univers, ne parent point tes champs ;
> Tes roseaux n'offrent point le sucre dans leurs veines ;
> L'art ne transforme point ton sable en porcelaines ;
> Mais des vins renommés, de brillantes moissons,
> Parfument tes pressoirs, et dorent tes sillons ;
> Un peuple de troupeaux couvre tes pâturages,
> Et le chanvre et le lin couronnent tes rivages.

Rosset n'a pris que ce vers :

L'art ne transforme point ton sable en porcelaines.

Il y avait auparavant :

On ne voit pas changer ton sable en porcelaines.

Plus loin, Gresset décrit la transformation de la chry-
salide du ver à soie en papillon :

> La liberté l'appelle : il s'anime, il s'empresse
> D'écarter les appuis qu'exigeoit sa faiblesse.
> Brillant d'un nouveau feu, paré de traits nouveaux,
> A travers ses tissus, le fruit de ses travaux,
> D'un front impérieux il se fraye un passage ;
> Du palais qu'il s'est fait il renverse l'ouvrage,
> Et, s'élançant du sein de cet obscur séjour,
> Le papillon vainqueur brille aux rayons du jour.
> Il paroît enchanté de ses grâces nouvelles,
> Mais il n'ose dans l'air s'élancer sur ses ailes ;
> Vous diriez que, craignant un imprudent essor,
> De ses premiers destins il se souvient encor.

Cette *version esquissée à tout hasard* devait remplacer
la description de Rosset commençant par ces vers :

> Elle nourrit ainsi son enfance débile ;
> Vigoureux, il rejette un habit inutile.

Gresset termine les observations sur le troisième chant
par une note qui indique positivement à quelle époque il
s'occupait de ce travail. « On enverra incessamment les

remarques sur le quatrième chant, et l'on accélérera sans distractions et sans lacunes l'expédition des deux chants suivants, qui, par parenthèse, ne sont arrivés que le 16 du mois passé au petit observatoire.

« 6 octobre 1770. »

De 1770 à 1774, époque à laquelle parut le poëme de *l'Agriculture*, Rosset mit le temps à profit pour corriger un peu, et surtout pour augmenter son ouvrage ; ainsi, dans le manuscrit envoyé à Gresset, le vers

Elle nourrit ainsi son enfance débile,

était le sept cent neuvième, et dans l'imprimé il devient le huit cent treizième ; c'est une augmentation de cent vers et plus pour un seul chant.

CHANT QUATRIÈME.

Gresset s'arrête au vers 355, qui, dans le manuscrit, se trouvait après ceux-ci :

L'hiver même, qui glace et flétrit l'univers,
N'ose pas altérer ces gazons toujours verts.

et il en donne la raison : « Avant que d'aller plus loin, l'homme aux remarques ne peut se dispenser, en cet

endroit, d'en faire une très-importante ; les pouvoirs de
la petite (et très-grande) charge d'inspecteur dont on l'a
honoré ne se bornent point à relever seulement les mé-
prises dans l'expression, la faiblesse dans les vers, l'incorrection et les négligences dans le style, mais lui imposent
aussi l'obligation de dire son petit avis sur le fond des
choses et l'ensemble de l'ouvrage avec l'exacte et rigou-
reuse vérité. Partant, il ne peut dissimuler sa surprise et ses
regrets sur l'assez mauvais parti que l'auteur du poëme a
pris pour remplir le reste de ce quatrième chant, tandis
qu'il pouvoit occuper cette place par toute autre chose
que du remplissage.

« Ce chant s'étoit annoncé comme uniquement destiné
à la méthode la plus avantageuse de conduire la culture
des prairies ; tout marchoit bien jusqu'ici ; on s'attendoit,
(et ce sera sûrement l'attente de tout lecteur du poëme,)
on s'attendoit que l'auteur alloit parler maintenant, avec
utilité, de la nature des différentes espèces de fourrages ;
qu'il ne passeroit pas sous silence la culture du sainfoin,
celle du trèfle, de la luzerne, etc., et qu'il feroit honneur aussi aux effets des prairies artificielles. Il étoit tout
naturel de s'attendre à des préceptes sur ces différents
objets si importants, et c'étoit bien ici leur place. Point
du tout ; le texte n'en dit pas le mot, ni ici, ni ailleurs ; on
n'est encore qu'au milieu de ce quatrième chant (puisqu'il
contient encore 329 vers au delà du point où nous en sommes), et tout d'un coup, tout brusquement, ici, l'auteur
prend congé pour toujours de ses prairies ; la *fleurimanie*
s'empare de toutes ses affections, de toutes ses jouissances,
et nous n'avons plus, d'ici au cinquième chant, et dans

toute la longue route de 329 mortels vers, que des fleurs avec des *fleurettes* à espérer et à voir !

« Les Sociétés d'agriculture, au nom desquelles le présent poëme semble toujours porter la parole, ne se seroient jamais avisées, si elles en avoient donné la division, d'en faire occuper une place aussi étendue par une matière aussi *mince,* eu égard aux importants objets de leur établissement ; on dit *mince* quand cette matière n'est habillée, comme ici, qu'avec les guipures des fables ou du madrigalet, et de la doucereuse idylle ; car on n'ignore point que l'article des fleurs, plus physiquement (mais aussi plus succinctement) traité, auroit tenu raisonnablement et utilement sa place en cet ouvrage dans le cas où il auroit été question des mouches à miel et de l'art de conduire les ruches, objet très-considérable de l'économie rurale, et dont cependant il n'est pas question dans tout ce poëme. Il n'est pas douteux que le moindre Bureau d'agriculture consulté sur le plan et la distribution de cet ouvrage n'auroit pas omis les ruches, et alors l'article des fleurs, réduit à de justes bornes, seroit entré ici comme partie nécessaire en même temps qu'agréable. Mais ne parler des fleurs que pour des fleurs, donner à des inutilités les places que l'on devoit remplir par les objets nécessaires que l'on néglige, et cela dans un ouvrage fait pour être raisonnable et utile, c'est, en voulant tenir appartement, faire refuser la porte aux gens sensés pour causer avec les enfants...

« ... En regrettant quelques endroits de ces 329 vers, on ne regretteroit assurément pas ces *ondes,* cette *beauté,* ces *attraits,* mots tant de fois répétés ; on ne regret-

teroit ni le petit éloge d'*Épicure*, ni le *palais de Pluton*, ni les *grottes de Thétis*, ni les *bosquets de l'Amour*,
ni ces tulipes qui ont de *charmants caprices*, ni même
Alexandre et *César* qui *naissent dans nos jardins*; ni
cette fréquente assemblée de parents de tous les zéphyrs,
toujours *doux* à coup sûr; ni le petit rôle galantin de ces
fleurs qui *servent les Ris, les Amours et les Jeux*; ni la
halle des parfumeurs de *Capoue*, dont le père Rapin a fait
une femme; entre autres jolies et non jolies métamorphoses
de ses jardins; ni ce verselet qui dit en parlant des fleurs:

J'aime à considérer leurs amours, leurs plaisirs.

« On ne regretteroit assurément pas davantage, après
ces passions que le texte prête aux fleurs, la note au bas
et en surcharge d'une caricature, laquelle note dit d'une
façon demi-bouffonne que *la polygamie est ordinaire et
presque générale parmi certaines fleurs*. On n'aime pas plus
les *fleurs volages* ni celles qui *forment d'illégitimes nœuds*,
et qui en sont bien punies, puisque *de monstres inféconds
elles deviennent mères*; ni ces fleurs à qui on donne *les vifs
embrassements d'un sérail d'amants*; ni l'indécente image
de *l'heureuse hermaphrodite* avec la mesquine antithèse
des deux vers qui la suivent; ni, en un mot (et physique
des fleurs à part), tous ces petits mariages de *fleurs*,
dont ce pauvre rossignol, sans le savoir, *chante* pourtant
l'hyménée et *célèbre les feux*.

« Le *Père aux vers* dira tout ce qu'il voudra pour la
défense de tout ceci; le *Frère aux notes* ne souscrira ja-

23

mais à cette excroissance monstrueuse du quatrième chant (329 vers !); il s'en lave les mains. Et ce n'est pas seulement aux petites enluminures ci-dessus notées, ni aux vices des expressions qu'il faut arrêter son attention et chercher du remède; le point essentiel à considérer est que ce chant (en exceptant la première moitié) oublie net le nécessaire pour l'inutile. L'objet du poëme est l'agriculture, son but est de faire des cultivateurs et de les instruire sur les meilleurs procédés à employer pour tout ce qui tient essentiellement à l'administration économique d'une terre, d'une ferme. Or c'est, sans contredit, la chose du monde la plus inutile aux cultivateurs, ainsi que la plus étrangère, que tous ces petits documents adressés aux fleuristes; il n'y a point un laboureur qui ne donnât toutes les anémones, tous les œillets et toute la tuliperie de l'univers, fût-ce *Alexandre* et *César*, pour avoir chaque année une bonne seconde coupe de trèfle, une troisième coupe de sainfoin et une quatrième de luzerne; sans compter qu'il n'auroit point été inutile à l'instruction du propriétaire et du fermier, ainsi qu'à l'honneur du poëme, de dire un mot des autres équivalents des fourrages, autrefois inconnus, du ray-gras, de la grande pimprenelle, etc. Dans une instruction physique quelconque, c'est rester en deçà de son sujet et de son siècle, que de ne pas faire mention des nouvelles découvertes qui ont été faites sur l'objet que l'on traite. Sûrement l'auteur ne les peut ignorer, et son silence pourroit le faire croire à ceux qui le liront... »

Les critiques de Gresset et les conseils qu'il adresse à l'auteur au sujet des retranchements qu'il regarde comme indispensables dans la seconde partie du quatrième chant

remplissent quatorze pages ; je n'en donne qu'une partie.
Le poëte termine ainsi :

« La présente réclamation, bien légale et bien longue,
contre la moitié du quatrième chant ne paroîtra pas vraisemblablement du ton le plus agréable; mais c'est la faute
originelle de toutes les démonstrations : leur style est bien
loin de la langue dorée de la cour. Au reste, la vérité est
trop occupée du devoir inviolable d'être fidèle, pour
s'amuser du plaisir perfide d'être galante dans ses consultations.

« Délibéré dans la seconde Belgique, par le conseil,
toujours non soussigné. »

CHANT CINQUIÈME.

Le cinquième chant ne présente pas moins de deux
cent quarante-quatre pages de notes; quelques-unes sont
extrêmement longues, et, comme le dit Gresset en plai-
santant : « Avant que le chargé d'affaires géorgiques eût
reçu sa mission, il n'avoit jamais écrit ni dépêché aucune
espèce de notes, en aucun genre; mais depuis la révision
de cet ouvrage, il a si bien pris l'uniforme et le ton de
son état, qu'il fait des remarques à tout propos; il porte
tout naturellement des notes comme un noisetier porte
des noisettes. »

Voici un exemple des remarques de Gresset; je choisis
à dessein parmi les plus courtes. En parlant du cheval,
Rosset dit :

Plus léger que les vents, par son vol devancés.

Gresset met en marge : « *Par son vol devancés,* pure che-
ville et pléonasme; en disant *plus léger,* tout étoit dit ;
d'ailleurs, ce *par son vol devancés* est désagréable et bien
lourd en parlant de *vol.* » Et il remplace ce vers par cet
autre qu'il fallait s'empresser d'adopter : .

Plus léger que les vents, il bondit, il fend l'air.

Rosset n'en tint aucun compte et se priva bien mal-
adroitement d'un excellent hémistiche. Le critique s'égaye
quelquefois aux dépens du poëme; ainsi sur ces vers :

Le mulet reconnoît une jument pour mère,
Son orgueil rougiroit si je nommois son père.

« *Reconnoît;* quoique cette reconnoissance soit tout à
fait touchante, supprimons *reconnoît,* en faveur de ces
mauvais cœurs qui aiment mieux rire des choses que de
s'en laisser attendrir.

« *Son orgueil rougiroit;* malgré la délicatesse infinie
que l'on connoît aux mulets sur le point d'honneur, le sentiment d'indignation, et surtout la *rougeur* qu'on leur prête
ici, font un effet assez plaisant ou tout à fait ridicule, si on
l'aime mieux.

« *Si je nommois son père;* pour nous mettre à notre
aise, partons d'abord de l'idée assez probable qu'il est
fort égal à un mulet que l'on nomme ou non *son père*,

surtout dans un poëme ; d'ailleurs, sur cent mulets il n'y
en a peut-être pas deux qui lisent des vers. »

Il va sans dire, qu'à côté du mal, Gresset présente le
remède ; mais il est rarement accepté, et, dans ce chant,
trente-trois vers seulement ont pu l'emporter sur ceux de
Rosset. Les réflexions qui terminent l'analyse du cinquième
chant sont très-judicieuses, et l'écrivain qui aura le bon
esprit d'en profiter n'aura pas perdu son temps à lire le
commentaire du poëme de *l'Agriculture.*

« La note, dans cette longue enfilade de feuilles, ne
s'est piquée ni de laconisme, ni de galanterie ; exactitude
soutenue, justesse inflexible, voilà ses guides. Si, en lisant
ces remarques secrètes, envoyées en bonne fortune, l'auteur du poëme a le bon esprit et la force de se *dépater-
niser*, il est bien évident que l'ouvrage y gagnera ; mais,
si le malade s'obstine à repousser l'émétique, qu'arrivera-
t-il ? Quand on sera bien imprimé, bien relié, bien doré,
bien affiché, on viendra quelque beau matin réveiller et
saluer l'auteur de quelque brochure de remarques moitié
critiques, moitié amères, bien plaisantes pour le public,
bien tristes pour lui. Alors que deviendra, où se mettra
cette paternité, cette tremblante *sensitive?* Il n'y aura
plus moyen de retirer, de replier ses feuilles ; assurément
le choix ne devroit point du tout être difficile, et la préférence à donner n'est point équivoque entre la bonne foi
de convenir de ses fautes, tandis qu'enveloppées des voiles
du manuscrit, elles peuvent être corrigées, et le désagré-
ment de se voir affublé de quelque censure des journaux,
tant bien que mal faite, ou de quelque triste brochure, qui
diroient publiquement les mêmes choses que l'auteur a

la facilité de n'entendre aujourd'hui qu'incognito et sans
risque. Il n'y a pas un mot à rabattre de tous ces loyaux
avis que la vérité lui apporte de deux cents lieues. En
la croyant, tandis qu'elle lui parle à l'oreille par la voix
d'un ermite, il s'épargnera le chagrin de s'entendre in-
terpeller durement par elle, lorsque, pour son argent,
elle parlera sur les toits, par toutes les bouches de la
critique.

« Dans le cours des présentes notes sur les *Géorgiques
françoises,* il a paru un volume d'observations critiques
sur différents ouvrages, et principalement sur la nouvelle
traduction des *Géorgiques latines.* L'auteur de ce volume
prétend qu'il n'est pas possible d'espérer des *Géorgiques*
en notre langue; la plus forte raison qu'il en donne est
que beaucoup de termes consacrés aux travaux de la campagne sont sans noblesse dans notre poésie, et que, par
exemple, on ne peut y nommer ni *engrais,* ni *coûtre,* ni
vigneron, etc.; mais toute cette prétention se réduit à dire
que jusqu'ici ces termes n'ont pas été employés en vers
ou l'ont été sans noblesse et sans succès; elle ne prouve
pas du tout qu'un usage plus heureux ne puisse les faire
passer, quand ils seront employés dans un poëme utile où
le mot propre n'a pas d'équivalent, et où l'agrément du
style feroit disparoître leur air étranger et leur sécheresse,
s'ils en ont. Dans un poëme didactique surtout, on est
autorisé à se mettre à son aise là-dessus, et, à l'exception
des termes absolument bas, et des expressions ou grossières ou indécentes, il n'y a point réellement de mots
ignobles; c'est une fausse et puérile délicatesse qu'il faut
braver; dès que les termes communs seront relevés par

leurs auteurs, par les grâces du style, et justifiés par l'utilité de l'ouvrage, ces mêmes termes, nouvellement employés en vers, n'effaroucheront que les sots; avec des
soins, avec l'art d'ennoblir les objets et de leur donner le
coloris de la poésie, les *mulets* et les *bœufs* y passeront
par la même commodité que les *chevaux* et les *taureaux*
qui déjà y sont reçus depuis longtemps. Que le poëme soit
utile, noble, harmonieux, tout passera, tout sera bien;
toute la langue est aux ordres du génie.

« L'ennuyé et ennuyeux annotateur copie actuellement
ses remarques sur le dernier chant, et compte qu'avant
un mois tout ce long travail pourra être terminé.

« 30 mai. »

CHANT SIXIÈME.

Les revendications que j'ai à exercer au nom de Gresset
sont peu nombreuses; elles se bornent à une vingtaine de
vers. Notre compatriote, bien que soigneusement caché
sous le voile impénétrable de l'anonyme, dut être singulièrement mortifié lorsque parut le poëme de *l'Agriculture*; trop souvent on n'avait eu aucun égard à ses
observations, et presque toutes ses corrections étaient
laissées de côté. Combien il dut regretter le temps qu'il
avait consacré à cette tâche ingrate !

Sa critique est quelquefois vétilleuse, lui-même en
convient; l'humeur qu'il avait prise contre le travail auquel

il s'était engagé finit par lui inspirer contre l'œuvre de Rosset une antipathie qu'il cherche à peine à dissimuler.

« Le petit médecin consultant qui a été chargé de donner tous ses soins à la cure des maladies compliquées de ce poëme n'opine (en dernière ordonnance) à l'intituler *les Géorgiques françoises*, comme il en a donné le conseil, qu'autant que tous les remèdes qu'il a proposés, suivant toutes les lumières acquises par la Faculté jusqu'à ce jour, et suivant sa conscience et sans aucun autre motif que le retour d'une bonne et brillante santé, auront été faits et suivis de point en point, depuis le premier jusqu'au dernier, dans tout le cours de cette longue infirmité; sans quoi, il n'est pas du tout d'avis qu'il faille avoir la prétention au titre caractéristique, personnel et noble qu'il a conseillé; tout a été si mûrement et même si scrupuleusement réfléchi dans ce profond examen de la nature, du tempérament, des différents états du sujet, qu'il n'y a point un mot à rabattre de toutes ces volumineuses observations, ni la plus petite pilule à sauver, quand même elle ne seroit pas dorée. Le malheur est de n'être pas tombé entre les mains d'un médecin à la mode; ceux du temps sont bien ambrés, bien fades, bien complaisants, décidant leurs remèdes sur le goût et les fantaisies de leurs patients, et, finalement, guérissant comme on ne guérit pas; au lieu que le médecin de village à qui l'on a affaire, n'entendant rien au ton du jour, ne sachant ni pallier le mal, ni flatter les gens en danger, va son chemin, et marche droit au but avec la bonne foi la plus rustique; faire sonder rigoureusement chaque plaie sans se laisser niaisement attendrir par cette sensibilité qui jette les hauts cris et voudroit arrêter la main qui opère pour son bien, faire tailler dans le vif, et surtout n'enfermer aucun loup dans aucune bergerie, voilà l'unique façon de guérir, les seuls procédés à suivre pour qui veut travailler en conscience et voir son malade debout. C'est sur ces principes, qui, pour être assez peu agréables et pas mal tristes, n'en sont pas moins sûrs, que le docteur agreste a constamment réglé sa méthode dans tout le cours de la présente maladie ; ses innumérables consultations ayant été toutes aussi attentivement soignées que s'il n'en avoit eu qu'une à donner, si l'on ne fait pas littéralement tous les remèdes qu'il a cru devoir prescrire, loin de pouvoir annoncer de bonnes nouvelles, loin de compter sur le moindre succès, il se croit obligé, par état, de dire dans ces derniers moments qu'il regarde le malade comme enterré, et qu'il ne lui donne pas quatre jours à vivre. »

Gresset avait proposé de changer le titre du poëme et de l'intituler *les Géorgiques françaises* ; il revient sur cet avis, et les raisons qu'il en donne, peu gracieuses pour l'auteur, servent de couronnement et de fin à son travail de révision.

« Les preuves de l'observateur sont faites sur l'intérêt pur et sincère qu'il prend à l'amélioration et au succès de ce poëme ; il croit pourtant devoir en donner encore une en revenant sur l'objet d'une note précédente, où il rétracte le titre de *Géorgiques françoises* qu'il avoit conseillé. Ce dernier conseil sera d'autant plus désintéressé que l'on sera peut-être là-bas moins attentif à la courageuse vérité qu'à la façon toute simple et peu galante de la dire ici, où l'on écrit sans espoir de plaire à l'auteur dans le moment

présent, et sans autre but que de lui être utile malgré
lui-même, tandis qu'il en est temps encore. Voici donc,
en toutes lettres, un aveu plein de rudesse et de paysan-
nerie, mais indispensable, essentiel au plus grand bien de
la chose. L'observateur n'a entrepris l'amusant et incroyable
travail de six volumes de notes éternelles, que dans la
persuasion où il étoit qu'ayant l'honneur d'être consulté,
il auroit conséquemment celui d'être cru de plein droit, et
qu'étant expressément chargé par les ordres de sa mission, non-seulement de faire des remarques sur les défauts
tant des idées que des expressions, mais aussi de rhabiller
les endroits pauvres et de refaire tout ce qui lui paroî-
troit mal fait, tous ses remplacements seroient admis,
d'autant qu'il ne s'est jamais refusé à l'ennui de déduire
les motifs des changements qu'il trouvoit nécessaires. Il
convient que le fond des choses est assez généralement
bon dans la totalité de cet ouvrage, à l'exception des endroits qu'il a notés sur cette partie, sauf aussi plusieurs
objets de l'économie rurale qui ont été oubliés mal à propos ; mais il ne faut point se dissimuler que ce fond même
ne l'auroit pas séduit, s'il n'avoit entrevu, avant que de se
mettre à l'ouvrage désespérant de corriger des vers, qu'en
conservant le fond, les vices innombrables de la forme
pourroient disparoître à force de temps et de peine. C'est
en poésie surtout que la forme décide irrévocablement du
fond. Si en commençant il n'avoit point espéré, il n'auroit
pas écrit une ligne sur cet ouvrage, et ses très-humbles
représentations sur l'inutilité d'y rien faire auroient été
reçues. Si, en finissant aujourd'hui, il ne peut point espérer
que ses avis seront suivis, il désespère de tout succès, et,

en tant qu'il est loisible, il proteste contre le ridicule de la presse et du maroquin.

« Quant au titre qu'il a fourni, il signifie son regret formel, et cela pour une petite raison pas plus grande que rien ; pour prétendre aux honneurs de donner un poëme à la nation et pour oser l'intituler *les Géorgiques françoises,* il faut non-seulement parler la langue des vers avec génie, mais aussi parler la langue de la France dans toute sa pureté, sa noblesse et son élégance.

« Dixi. »

Heureusement que le ministre Bertin adoucissait les observations de notre censeur avant de les envoyer à Rosset, autrement celui-ci en serait mort de chagrin. Gresset ne doutait pas de l'excellence de ses conseils et de la supériorité de ses vers, et si, comme il le dit avec complaisance, « tous ses remplacements devoient être admis, » il aurait à son tour un compte assez long à régler avec la critique, car plusieurs de ses vers sont faibles ; il rimait par ordre, c'est la meilleure excuse.

Le poëme de Rosset a trouvé grâce aux yeux des bibliophiles, qui le recherchent pour les belles gravures de Loutherbourg dont il est orné ; l'exhumation à laquelle je me suis livré attirera peut-être l'attention de quelques curieux et leur inspirera le désir de parcourir un ouvrage trop oublié. Voici le jugement qu'en porte Palissot, et c'est par là que je termine :

« On ne peut disputer (à Rosset) le mérite d'avoir donné, par son poëme de *l'Agriculture,* le premier exemple d'un

poëme français purement géorgique, et d'avoir prouvé non-
seulement que ce genre n'est pas incompatible avec notre
langue, comme le supposait un aveugle préjugé, mais
qu'elle pouvait souvent en surmonter les difficultés d'une
manière très-heureuse. Il est avéré que cet ouvrage était
fait longtemps avant la traduction des *Géorgiques* de Virgile par M. l'abbé Delille, et avant le poëme des *Saisons*
de M. de Saint-Lambert : il est donc certain que Rosset a
eu la gloire de se distinguer le premier dans cette carrière
ingrate, et de tracer une route nouvelle à nos muses.

« Il manque à ce premier essai, qui ne doit pas être
jugé à la rigueur, beaucoup de grâces dont le sujet était
susceptible, des épisodes qui auraient permis au poëte de
se montrer, et qui auraient jeté plus d'agrément, de variété et de vie sur la sécheresse des détails agronomiques.
Mais on y trouve fréquemment des morceaux très-bien
faits et qui annoncent dans l'auteur des talents d'autant
plus rares qu'ils étaient accompagnés de la plus grande
modestie. »

ŒUVRES

DIVERSES

DE GRESSET

ŒUVRES

DIVERSES

DE GRESSET

DONT IL EXISTE DES FRAGMENTS
OU DONT LE TITRE SEULEMENT SE TROUVE DANS LES PAPIERS
DÉCOUVERTS PAR DE LONGUERUE.

TITRES DE LA PREMIÈRE BOITE.

1. Ver-Vert. — 2. Les Gants. — 3. Les Contes. — 4. Le Voyage. — 5. Le Sort, les Malheurs.

L'indication de cette boîte et le classement de ce qu'elle contenait sont de Gresset.

ÉPITRES.

A mon Serin.

Gresset composa cette épître pendant son séjour à La Flèche. Puisque le nom de cette ville vient de nouveau se placer sous ma plume, il n'est pas hors de propos, je pense, de donner le texte véritable du commencement du *Voyage à La Flèche*, que Daire a rapporté assez inexac-

tement, et qui, après lui, a été reproduit avec la même
incorrection par tous les éditeurs de Gresset.

« Respirons, Messieurs et Dames, et parlons, c'est
assez chanter pour un Fléchois. Je me porte à merveille,
c'est tout ce que je sais de meilleur de ce pays-ci ; j'aurois
voulu quelques aventures dignes de vous être mandées,
mais je crois qu'il n'est jamais rien arrivé d'amusant sur
la route que j'ai faite : c'est le pays le plus désert et le
plus mort que j'aie encore vu. Voici tout ce que je sais de
mon voyage depuis Tours :

« En quittant ces bords pleins de charmes, etc. »

A Mme La Roche, vieille coquette.
Les beaux Jours des arts.
A l'Abbé, sur la robe.
L'Ignorance illustrée.
A M. Orry, contrôleur général.

Gresset lui a dédié plusieurs épîtres ; l'une d'elles
commençait par ces vers :

Ministre ami des arts
Et cher à la patrie.

Au même, qui lui avait demandé quelles étaient ses occu-
pations.
Le Siècle des colifichets.
A l'Abbé de ***.

L'épître débute ainsi :

Tandis que, dans ce bois aimable,
Les plaisirs charment la raison

Et d'un champagne délectable
Nous enivrent en votre nom,
Tendre abbé, quel destin jaloux
Vous éloigne d'un doux asile
Fait pour les Grâces et pour vous?
Je vous demande à ce bocage
Qui, sur la fin des plus beaux jours,
Vous couronnoit de ce feuillage
Dont il couronne les amours.

. . . .

Les petits Protecteurs; à M. le duc de Chaulnes.
A Léonore.
Sur la Naissance d'un enfant.
Au Roi de Prusse.

De Longuerue possédait plusieurs épîtres adressées à Frédéric, ainsi que la correspondance de Gresset avec ce prince.

Sur l'Ennui.
A Mlle Gaussin.

Le style passionné de cette épître ferait supposer que Gresset fut un des adorateurs de la célèbre actrice.

. . . .

Belle Gaussin, muse immortelle,
A ces brillants lauriers, à ce myrte amoureux,
Qui couronnent tes beaux cheveux,
Souffre que j'entrelace une rose nouvelle,
Et sois par ta douceur comme par ta beauté
Ma muse et ma divinité.
Ce n'est point comme à Melpomène
Que je t'offre ici mon encens.

. . . .

25

ODES.

Sur la Paix.
Contre le Préjugé de l'amour de la patrie.
La Probité; au duc de Mortemart.
Sur la Santé.
Sur les dégoûts de la Solitude.
Sur l'Espérance.
Projet d'un Recueil d'odes sacrées : 1. Le Jugement dernier. — 2. Contre les Athées. — 3. Les Miracles. — 4. La Mort. — 5. L'Enfer. — 6. Le véritable Héroïsme.

SATIRES.

Contre les Prudes.
Sur le Goût.
Sans Permission; à mon ami le chevalier ***.
Les molles Voluptés.

PIÈCES DIVERSES.

Un Loisir occupé.
Le Chêne de Mme Dupin.
Sur un Concert de grenouilles.
Sur les Pièces imprimées sans mon consentement.
Glycère, idylle.
A la Campagne, idylle.
Le Mont Valérien.
La Hautoye.
Sur les Titres prétendus.

Ève, la première Nuit du monde.
Les Moutons, chanson; à M. de Fontanieu.
Voyage dans l'empire du Sommeil.
Vers sur les tablettes du chevalier de Chauvelin.
Les Soupers, conte.
Ma Vengeance, conte.
La Raison et le Persiflage, fable.
Sur M. Le Riche.
Mignon, poëme, avril 1754.

C'est un petit poëme satirique sur les chanoines; je n'ai trouvé que le canevas de l'ouvrage.

Le Triomphe du café, cantate.
Morceau sur les Arts.
Sur les Belles et les Jolies, cantate.
Le Délire.

Gresset met en marge : « Pièce adressée pour une déclaration qu'on n'ose faire tranquille. »

La Violette, la Primevère, cantatilles.
Épigrammes.
Églogues.
Essai sur les Talents; poëme en quatre chants.

Gresset passe successivement en revue les auteurs, les lecteurs et les protecteurs. Le premier chant renfermait un épisode sur l'égalité. « Les Dieux, dit-il, ont donné les talents pour réparer l'inégalité de la fortune; *immo* ils ont

donné aux uns l'or pour les consoler de ne point avoir les
talents. » Le troisième chant était intitulé : « La Naissance
d'un livre, ou les Lecteurs.» En voici la division :

« Description de tout ce qui se fait au jour natal d'un
livre nouveau. — Le jour critique vient d'éclore : c'en est
fait, le sort est jeté, etc. Le livre paroît : volez, colpor-
teurs! Tout Paris en est plein, etc. — Avez-vous vu
l'ouvrage nouveau? etc. — Je l'avois vu en morceaux.
— J'en ai entendu une lecture, etc. — Épisode de l'arche
des sots.

« Fiction du diable boiteux. Voyons l'intérieur des
maisons; levons tous les toits, voyons tous les lecteurs
divers, pénétrons dans les cabinets; les lecteurs surtout
du Palais-Royal, on entoure l'organe de la cabale, le sten-
tor, etc. Approchez, sots! etc.

« Portrait d'un auteur qui en lit un autre. Il croit que
la gloire d'un autre est un larcin qu'on lui fait. — Eh
quoi! n'y a-t-il pas encore des lauriers? et leurs feuilles
renouvelées par chaque printemps s'offrent à couronner.
— Jalousie et mauvaise volonté; secrète joie dans les
endroits faibles; difficulté de louer; s'il approuve le sens,
il critique l'expression, — et si l'expression est heureuse,
sens faible ou faux selon lui; rage quand le succès est
sûr; joie quand les défauts prévalent, quand la chute est
sûre, etc. Quoi donc, Damon, pouvez-vous goûter ce triste
plaisir? L'infortune d'un autre vous rend donc heureux?
Êtes-vous comme ces esprits infernaux qui ne peuvent
goûter d'autre bonheur qu'à voir ou qu'à faire des misé-
rables? C'est la félicité des diables et celle des mauvais
auteurs. L'injustice d'un auteur qui lit, ou de tout autre

lecteur, vient souvent du défaut de probité : un honnête homme rend justice.

« Voyons par l'histoire de nos jours si on doit tant se targuer des succès. Un rien fait tomber une pièce; jugeons du succès d'un ouvrage par une exposition simple des mœurs, et de la façon dont il est reçu; voyons si on doit beaucoup s'estimer du succès ou se soucier de la chute.

« Diverses sortes de lecteurs. Un sage le lit tout seul dans son cabinet; il ne veut que le bien des arts, que le succès du talent; il loue ou blâme sans intérêt que celui du vrai; au défaut du succès, il approuve l'effort.

« Le critique de mots. Le critique de règles.

« Une caillette attend que celui qui donne le ton chez elle soit venu : attendons, dit-elle sentencieusement, nous verrons ce soir ce qu'en pense l'abbé. Et si l'abbé a quelque intérêt de querelle particulière, ou si l'abbé n'est qu'un pédant ignare, tout l'ouvrage sera mauvais pour toute la petite société.

« Lecteurs de mauvaise foi qui donnent de mauvaises interprétations, reconnaissent des portraits, mettent des noms, donnent des clefs.

« Les lecteurs des cafés autour du poêle littéraire, cent petits échos attendant que l'oracle de la taverne ait proféré son petit jugement. On voit quelquefois l'esprit de parti corrompre le suffrage des gens même de goût, et la divine Deshoulières chanter la *Phèdre* de Pradon contre Racine.

« Après tous ces portraits des lecteurs partiaux ou ignares, il est pourtant encore des tribunaux, etc. ; c'est pour ceux-là seuls qu'on doit se mettre en peine d'écrire: la foule ne décide rien. »

L'exposé de ce chant peut donner une idée du poëme.
Je crois superflu de donner le plan du reste de cet ouvrage,
qui était à peine ébauché; d'ailleurs, les notes de Gresset
sont difficiles à coordonner. Quelques vers du quatrième
chant, qui avait pour titre *les Protecteurs,* se sont retrou-
vés dans ses papiers; les voici :

> Cette beauté trop facile
> Qui flatte et lorgne tour à tour,
> Aujourd'hui les dieux de la ville
> Et demain les beaux de la cour,
> Pourra bien, d'un coup d'œil habile,
> Faire une amourette d'un jour :
> Mais peut-elle enchaîner l'Amour?
> Quel amant estimable et tendre
> Voudroit la conquête d'un cœur
> Où, dans deux jours, il peut s'attendre
> D'avoir un fat pour successeur?
> Des bienfaits vous lisez l'histoire ;
> Le sage en est-il honoré
> Quand il ne s'en voit décoré
> Que près d'un copiste sans gloire
> Que l'intrigue a seule illustré?

COMÉDIES.

Les Trois Racans.
La Coquette.
L'Ignorant glorieux de l'être.
Les Fées turques; divertissement.
Le Choix de l'habit.
Les Fées philosophes.

Les Inconnus malgré eux.

L'Abus du temps.

L'Esprit à la mode, ou les Américains.

TRAGÉDIE.

Blanche de Bourbon.

J'ai indiqué à la page 58 diverses pièces de Gresset
que de Longuerue avait recueillies et qui furent livrées à
l'impression; il faut ajouter à ces pièces l'épître sur *l'Hu-meur*, qui existait dans les papiers confiés à Duméril, et
que M. de Cayrol a publiée d'après un manuscrit de
M. de Wailly.

TABLE

DES PIÈCES.

TABLE
ALPHABÉTIQUE.

FIN.

IMPRIMERIE J. CLAYE — RUE SAINT BENOIT 7 — PARIS

www.ingramcontent.com/pod-product-compliance
Lightning Source LLC
Chambersburg PA
CBHW070617100426
42744CB00006B/509